Der Aufsichtsrat in Genossenschaften.

Praktische Anweisung für die Ausübung seiner Tätigkeit.

Von

Ernst Kuckuck,
früher Verbandsrevisor in Meiningen.

Berlin 1908.
J. Guttentag, Verlagsbuchhandlung,
G. m. b. H.

Vorwort.

Das vorliegende kleine Buch soll dem Aufsichtsrat einen Leitfaden für die Ausübung seiner Funktionen geben. Ich bin zu der Niederschreibung veranlaßt worden, weil ich in meiner mehr als zehnjährigen Tätigkeit als Verbandsrevisor die Erfahrung gemacht habe, daß Versäumnisse in Ausübung der Tätigkeit des Aufsichtsrates in den meisten Fällen weniger auf böse Absicht, wie vielmehr auf Unkenntnis und mangelnde Instruktion zurückzuführen sind. Der Stoff bringt es mit sich, daß vielfach auf die Tätigkeit des Vorstandes und die Einrichtungen der Genossenschaft näher eingegangen werden mußte. Infolgedessen wird das Buch nicht nur für den Aufsichtsrat, sondern auch für die Vorstandsmitglieder in einzelnen Teilen von Interesse sein. Speziell sind die Verhältnisse der Kreditgenossenschaften berücksichtigt worden, indes sind die gegebenen allgemeineren Ausführungen auch auf alle anderen Genossenschaftsarten entsprechend anzuwenden. So hoffe ich denn, daß die Bekanntgabe meiner Revisionserfahrungen der Allgemeinheit von Nutzen sein werde.

Essen, den 7. August 1908.

Ernst Kuckuck.

Inhaltsverzeichnis.

I. Die rechtliche Stellung und Verantwortlichkeit des Aufsichtsrates.

Einleitung.

Um dem Aufsichtsrat im Rahmen dieses Buches ein möglichst vollständiges Bild über seine Rechte und Pflichten, sowie über seine Verantwortlichkeit zu geben, ist es notwendig, zunächst die bezüglichen Gesetzesvorschriften einer kurzen Besprechung zu unterziehen.

Die gesetzliche Grundlage für die Tätigkeit des Aufsichtsrates bildet das Genossenschaftsgesetz vom 1. Mai 1889 (neue Fassung vom 20. Mai 1898). In demselben sind zwar neben einigen sonstigen Vorschriften in den §§ 36—41 besondere Bestimmungen über die Rechte und Pflichten des Aufsichtsrates erlassen, welche sich indes nur auf Festlegung bestimmter Grundsätze beschränken, deren Ausführung und Handhabung den einzelnen Personen überlassen ist. Den Aufsichtsratsmitgliedern bleibt demnach ein gewisser Spielraum in Ausübung ihrer Funktionen, je nachdem sie dieselben auffassen und da die Verhältnisse der einzelnen Genossenschaften ganz verschieden sind, so erfordert auch ihre Überwachung eine dem jeweiligen Falle angepaßte Ausführung.

Die wichtigsten grundlegenden Vorschriften gipfeln in folgenden Bestimmungen:

Nach § 38 GG. hat „der Aufsichtsrat den Vorstand bei seiner Geschäftsführung in allen Zweigen der Verwaltung zu überwachen und zu dem Zweck sich von dem Gange der Angelegenheiten der Genossenschaft zu unterrichten.“ Um diese Pflicht ausüben zu können, ist im zweiten Satze desselben Paragraphen dem Aufsichtsrate das Recht eingeräumt, daß „er jederzeit über dieselben (die Angelegenheiten der Genossenschaft) Berichterstattung von dem Vorstande verlangen und selbst oder durch einzelne von ihm zu bestimmende Mitglieder die Bücher und Schriften einsehen, sowie den Bestand der Genossenschaftskasse und die Bestände an Effekten, Handelspapieren und Waren untersuchen“ kann. Hierzu sei gleich eingeschaltet, daß sich diese Untersuchung nicht nur auf die Effekten und Waren beschränkt, sondern daß auch alle sonstigen Werte (Wechsel, Hypotheken usw.) der Revision unterliegen müssen, wie sich aus den weiteren Pflichten des Aufsichtsrates ergibt und später noch näher erörtert werden wird.

Des weiteren wird in § 38 bestimmt, daß der Aufsichtsrat „die Jahresrechnung, die Bilanzen und die Vorschläge zur Verteilung von Gewinn und Verlust zu prüfen und darüber der Generalversammlung vor Genehmigung der Bilanz Bericht zu erstatten“ hat.

„Er hat eine Generalversammlung zu berufen, wenn dies im Interesse der Genossenschaft erforderlich ist. Die Mitglieder des Aufsichtsrates können die Ausübung ihrer Obliegenheiten nicht anderen Personen übertragen.“

§§ 39 und 40 regelt das Verhältnis des Aufsichtsrates zum Vorstande mit der Bestimmung, daß über wichtige Maßnahmen, z. B. bei Prozessen gegen die Vorstandsmitglieder oder Amtsenthebung, der Generalversammlung die Genehmigung vorbehalten bleibt.

§ 41 bestimmt u. a., daß die Mitglieder des Aufsichtsrates die Sorgfalt eines ordentlichen Geschäftsmannes anzuwenden haben. Mitglieder, welche ihre Obliegenheiten verletzen, haften der Genossenschaft persönlich und solidarisch für den dadurch entstandenen Schaden.

Neben dieser finanziellen Inanspruchnahme kann auch nach §§ 146—148 GG. noch Strafbarkeit eintreten, wenn ein Mitglied des Aufsichtsrates absichtlich zum Schaden der Genossenschaft gehandelt oder wissentlich unwahre Erklärungen in der Generalversammlung abgegeben hat.

Hiernach sind also dem Aufsichtsrate für die Ausübung seiner pflichtmäßigen Obliegenheiten auch weitgehende Rechte eingeräumt, indem er alle Aufschlüsse verlangen und Prüfungen vornehmen kann, welche ihm zur Erfüllung seiner Pflicht als zweckdienlich und notwendig erscheinen. Macht er von diesen Rechten keinen oder ungenügenden Gebrauch, dann erfüllt er die ihm zugewiesenen Obliegenheiten nicht mit der Sorgfalt des ordentlichen Geschäftsmannes und ist für den dadurch entstandenen Schaden verantwortlich, unter bestimmten Voraussetzungen sogar strafbar.

Vor der Strafbarkeit kann sich der Aufsichtsrat im Grunde genommen leicht schützen, wenn er in den Erklärungen, welche er in der Generalversammlung abzugeben hat, vorsichtig ist. Eine absichtliche Schädigung der Genossenschaft durch den Aufsichtsrat soll hier unerörtert bleiben, dagegen ist hervorzuheben, daß hinsichtlich der Abgabe von Erklärungen in der Generalversammlung die Tragweite der gesetzlichen Bestimmung oft nicht genügend gewürdigt wird. Das bezieht sich namentlich auf die Prüfung der Jahresrechnung. Wenn z. B. der Aufsichtsrat in der Generalversammlung — vielleicht in dem Glauben, der Genossenschaft zu dienen — die Außenstände für vollwertig erklärt, während ihm bewußt ist, daß nicht alle zweifelhaften Forderungen zu ihrem wirklichen Wert eingesetzt und uneinbringliche abgeschrieben sind, dann macht er sich schon strafbar. Durch Nichtbeachtung dieser Bestimmung können sich Mitglieder des Aufsichtsrates, die es mit der Genossenschaft gut meinen, strafbar machen, weshalb hiermit auf die Wichtigkeit, sich über die in der Generalversammlung abzugebenden Erklärungen vorher genau zu unterrichten, besonders aufmerksam gemacht werden soll.

Naheliegender wie die strafrechtliche ist jedoch die zivilrechtliche Verantwortlichkeit des Aufsichtsrates, weil die Mitglieder der Genossenschaft in allen Fällen, wo Verluste eintreten, auf den Aufsichtsrat zurückzugreifen suchen, wenn der Vorstand dafür nicht zu haben ist. Deshalb ist es von Wichtigkeit, daß der Aufsichtsrat seine Überwachungspflicht in einer Weise ausübt, die der Sorgfalt des ordentlichen Geschäftsmannes entspricht. Die Entscheidung darüber, inwieweit dieser Bestimmung Rechnung getragen ist, unterliegt im einzelnen Falle dem Urteile des Richters. Obgleich dabei die Kenntnisse und der Bildungsgrad der einzelnen Aufsichtsratsmitglieder eine gewisse Berücksichtigung finden können, so wäre es doch verfehlt, wenn sich ein Aufsichtsratsmitglied auf seine Unkenntnis verlassen und berufen wollte. Es könnte schlechte Erfahrungen dabei machen. Denn wer ein Amt als Aufsichtsratsmitglied annimmt, der dokumentiert damit, daß er gewillt ist, seine Obliegenheiten gewissenhaft zu erfüllen. Er muß sich derselben bewußt sein und sich deshalb über seine Rechte und Pflichten eingehend unterrichten, zumal da er die Ausübung seiner Obliegenheiten nach § 38 GG. nicht anderen Personen übertragen darf.

Mit der letztgenannten Bestimmung ist festgelegt, daß der Aufsichtsrat die Verantwortlichkeit nicht von sich abwälzen kann, indem er andere für sich arbeiten läßt, was indes nicht hindert, daß er sich für seine Arbeiten der Hilfe Sachverständiger bedienen kann. Diese Befugnis ist von großer Wichtigkeit, weil dem Aufsichtsrat dadurch im Prozeßfall Gelegenheit gegeben ist, nachzuweisen, daß er sich bemüht hat, die Sorgfalt des ordentlichen Geschäftsmannes auch da anzuwenden, wo seine eigenen Sachkenntnisse versagen, indem er mit der Revision einen Sachverständigen beauftragt hat. Die Arbeit des letzteren kann sich immer nur auf eine Prüfung der Geschäftsführung und des Rechnungswesens, evtl. auch auf Ausführung der Beschlüsse des Aufsichtsrates, niemals aber auf die Vertretung des Aufsichtsrates dem Vorstande gegenüber erstrecken. Besonders kommt die Revision durch einen Sachverständigen für die Prüfung der Jahresrechnung in Betracht, wovon bisher noch viel zu wenig Gebrauch gemacht wird. Für Vereine, welche einem Revisionsverbande angehören, ist der Verbandsrevisor hierfür die geeignete Person, weil derselbe schon durch seine Revisionstätigkeit mit den Verhältnissen des Vereins vertraut ist und außerdem nicht nur die Bilanzaufstellung, sondern auch die Beobachtung der genossenschaftlichen Vorschriften als Sachverständiger prüfen kann. In allen Fällen muß darauf gesehen werden, daß der Sachverständige kaufmännisch gebildet ist und das Rechnungswesen beherrscht. Verwandtschaftliche Rücksichten müssen hierbei ausgeschlossen bleiben, vielmehr darf nur die Befähigung maßgebend sein. Mir sind Fälle begegnet, wo die Revision des Rechnungswesens Personen übertragen worden war, z. B. Pfarrern, Lehrern, die nur mechanisch die einzelnen Buchungen verglichen, ohne sich weiter um die Ordnungsmäßigkeit oder Berechtigung derselben zu kümmern. Infolgedessen wurden auch Fehler in der eigentlichen Bilanzaufstellung nicht aufgedeckt. Damit soll nicht gesagt sein, daß einzelne Berufszweige grundsätzlich von der Revisionstätigkeit ausgeschlossen werden sollen, aber es soll in allen Fällen ein gewisses Maß kaufmännischer Kenntnisse verlangt werden. Im allgemeinen ist überall da, wo der Aufsichtsrat, sei es aus Mangel an Sachkenntnis oder Zeit nicht in der Lage ist, eine sorgfältige Prüfung des Rechnungswesens vorzunehmen, zu empfehlen, daß er sich der Hilfe eines Sachverständigen bedient. Die Ausgabe hierfür macht sich, wenn auch nicht sofort rechnerisch nachweisbar, so doch auf die Dauer unzweifelhaft reichlich bezahlt.

Wenn bei einer Genossenschaft Verluste eingetreten sind, dann suchen die Mitglieder in der Regel zuerst festzustellen, wen ein Verschulden daran trifft. Zunächst wird die Tätigkeit des Vorstandes eingehend untersucht, wobei meistens reichliche Übertretungen der Vereinssatzungen, wenn nicht gar Untreue festgestellt werden. Eine Regreßnahme ist jedoch vielfach ohne erheblichen Erfolg, so daß es das Interesse der Mitglieder gebietet, auch die Tätigkeit des Aufsichtsrates einer eingehenden Beleuchtung zu unterziehen. Wenn es irgend möglich ist, werden die Mitglieder dann versuchen, auf den Aufsichtsrat zurückzugreifen. Ist dieser nicht in der Lage, nachzuweisen, daß er seine Obliegenheiten mit der Sorgfalt des ordentlichen Geschäftsmannes erfüllt hat, wird vielmehr festgestellt, daß bei einer ausgedehnteren und zweckmäßigeren Kontrolle die Genossenschaft hätte vor Schaden bewahrt werden können, dann ist damit schon eine Regreßpflicht des Aufsichtsrates begründet. Es mag hierbei erwähnt werden, daß es oft schwer ist, ein direktes Verschulden des Aufsichtsrates nachzuweisen, doch bilden schon die diesbezüglichen Prozesse, welche sich oft jahrelang hinziehen, eine Quelle ständiger Beunruhigung, weshalb jedes

Aufsichtsratsmitglied seine Tätigkeit von vornherein so einrichten sollte, daß es im gegebenen Falle in der Lage ist, die ordnungsmäßige Ausübung seiner Funktion auch vor Gericht nachweisen zu können. Dazu genügt es nicht, die erforderliche Tätigkeit auszuüben, sondern sie muß auch nachweisbar sein. Dies geschieht hauptsächlich durch eine ordnungsmäßige Protokollierung der gesamten Tätigkeit.

In den nachfolgenden Abschnitten soll eine praktische Anweisung gegeben werden, wie der Aufsichtsrat seinen Obliegenheiten in zweckmäßiger Weise so nachkommen kann, daß er die Genossenschaft möglichst vor Schaden und sich selbst vor einer Inanspruchnahme schützt.

Zuvor sei jedoch noch kurz der Tätigkeit des Verbandsrevisors oder überhaupt desjenigen Revisors gedacht, welcher die gesetzlich vorgeschriebene Revision (§ 53 GG.) vornimmt, weil sich in Fällen, wo Verluste entstanden sind oder Unregelmäßigkeiten vorliegen, der Aufsichtsrat gern durch die Tätigkeit des Revisors zu decken sucht. Es sei deshalb hier nochmals hervorgehoben, was schon so oft auf genossenschaftlichen Verbandstagen betont worden ist, daß der Revisor nach § 53 GG. die Einrichtungen der Genossenschaft und die Geschäftsführung derselben in allen Zweigen der Verwaltung einer Prüfung zu unterwerfen hat. Er hat also im wesentlichen zu prüfen, ob die Einrichtungen der Genossenschaft ihrem Geschäftsbetriebe entsprechen und ob ihre Organe nach den gesetzlichen Bestimmungen arbeiten. Dazu gehört auch die Tätigkeit des Aufsichtsrates. Der Revisor hat also die Tätigkeit des Aufsichtsrates zu revidieren, keinesfalls übt er selbst eine solche Tätigkeit aus und nimmt dem Aufsichtsrate eine Arbeit ab, wie mitunter angenommen wird. Das schließt aber nicht aus, daß der Aufsichtsrat den Revisor im besonderen mit Vornahme bestimmter Arbeiten beauftragen kann. Dabei handelt es sich aber immer nur um die Tätigkeit eines Sachverständigen, für welche der Aufsichtsrat, wie bereits dargelegt, verantwortlich bleibt.

II. Mitwirkung des Aufsichtsrates an der Organisation und Geschäftsführung.

Der Aufsichtsrat kann seiner Pflicht nur gewissenhaft nachkommen, wenn er sich nicht auf bloße Revisionen beschränkt, sondern überhaupt kontrolliert, ob sich die gesamte Tätigkeit des Vorstandes innerhalb der Verfassung (Gesetz, Statut und Geschäftsanweisungen) abwickelt und besonders auch, ob die Organisation der Genossenschaft ihrem Geschäftsumfange entspricht, ob überall zweckmäßige Einrichtungen getroffen sind. Zeigen sich in dieser Beziehung Mängel, so muß der Aufsichtsrat die Initiative zur Abstellung derselben ergreifen.

Im Statut oder der Geschäftsanweisung ist dem Aufsichtsrate in der Regel eine Anzahl von Funktionen übertragen, die er teils in Gemeinschaft mit dem Vorstande, teils ohne denselben auszuüben hat. Die gesamte Tätigkeit des Aufsichtsrates läßt sich danach in folgende Gruppen teilen:

1. Vertretung der Mitglieder dem Vorstande gegenüber,
2. Erledigung von Gegenständen, welche alleiniger Beschlußfassung des Aufsichtsrates unterliegen,
3. gemeinsame Tätigkeit mit dem Vorstande,
4. Revisionstätigkeit,
5. Berichterstattung in der Generalversammlung.

Wahl und Anstellung der Vorstandsmitglieder.

Da der Aufsichtsrat der gesetzliche Vertreter der Mitglieder dem Vorstande gegenüber ist, so liegt ihm zunächst ob, für ordnungsmäßige Wahl und Anstellung der Vorstandsmitglieder zu sorgen, wobei die Bestimmungen des Statuts zur Grundlage zu nehmen sind. Das Gesetz schreibt über die Art der Bestellung des Vorstandes nichts vor. Bei der weitaus größeren Zahl von Genossenschaften ist die in dem Musterstatut des Allgemeinen Verbandes enthaltene Bestimmung zur Grundlage genommen worden, daß die Vorstandsmitglieder auf Vorschlag des Aufsichtsrates von der Generalversammlung gewählt werden. Nur wenige — meist größere — Genossenschaften haben die Bestimmung, daß der Aufsichtsrat den Vorstand direkt wählt. Es liegt nicht im Rahmen dieser Schrift, die Vorteile und Nachteile der verschiedenen Wahl- und Anstellungsarten zu erörtern. Ich habe hier nur das Verfahren bei der Wahl und Anstellung selbst zu besprechen. Die Wahl durch den Aufsichtsrat vollzieht sich in der Weise, daß nach Ausschreibung oder sonstiger Bekanntmachung der Vakanz die Sichtung der eingegangenen Bewerbungen einer vorbereitenden Kommission überlassen wird, welcher es obliegt, über die zur engeren Wahl gestellten Kandidaten die erforderlichen Auskünfte einzuholen usw. Das gesichtete Material wird dann dem gesamten Aufsichtsrat zur Entschließung unterbreitet, welcher die Wahl unter Beobachtung der für die Beschlüsse des Aufsichtsrates vorgesehenen Bestimmungen vornimmt.

Für diejenigen Genossenschaften, bei denen die Wahl der Vorstandsmitglieder durch die Generalversammlung zu erfolgen hat, ist es durchaus zweckmäßig, daß das Vorschlagsrecht dem Aufsichtsrate vorbehalten bleibt. Die Erfahrung hat gelehrt, daß in Fällen, wo diese Bestimmung nicht bestand, durch Agitation oder zufällige Zusammensetzung der Generalversammlung Personen in den Vorstand gewählt werden können, welche das Vertrauen des Aufsichtsrates nicht besitzen und sich dann auch als vollständig ungeeignet für den Posten erweisen. Der Aufsichtsrat kann zwar bei seinem Vorschlage in den Personen auch irren, indes bietet doch ein von ihm gemachter und vorher sorgfältig erwogener Vorschlag die Garantie, daß die Wahl nicht von Zufälligkeiten abhängig wird. Es ist nicht richtig, wenn öfter gesagt wird, daß in dem Vorschlagsrechte des Aufsichtsrates eine Beschränkung der Mitgliederrechte liege. Der Generalversammlung steht es zu, die Vorschläge des Aufsichtsrates abzulehnen. Ein abgelehnter Vorschlag kann zwar in derselben oder einer späteren Generalversammlung wiederholt werden, indes kann doch erwartet werden, daß ein Aufsichtsrat, welcher Fühlung mit den Mitgliedern unterhält, einer berechtigten Opposition Rechnung trägt. Bei der

Verantwortlichkeit des Aufsichtsrates ist es nur recht und billig, wenn ihm ein besonderer Einfluß auf Besetzung der Vorstandsstellen durch das Vorschlagsrecht eingeräumt wird.

Die Vorbereitung der Wahlvorschläge geschieht auch in diesem Falle am zweckmäßigsten durch eine Kommission, nachdem durch einen allgemeinen Beschluß des Aufsichtsrates festgelegt worden ist, ob ein öffentliches Ausschreiben des vakanten Postens erfolgen soll oder ob sich die Kommission auf eine Auswahl unter etwa bereits vorhandenen Bewerbern beschränken soll. Nachdem die Kommission das Material vorbereitet hat, wird es dem Aufsichtsrate vorgelegt, welcher über die der Generalversammlung zu unterbreitenden Vorschläge definitiv beschließt. Zweckmäßig ist es, wenn der Aufsichtsrat außer dem in erster Linie in Betracht kommenden Kandidaten noch einen zweiten Vorschlag im Auge behält, nur für den Fall, daß der gemachte Vorschlag aus irgendwelchen Gründen die Zustimmung der Generalversammlung nicht findet, eventuell alsbald einen anderen Vorschlag machen zu können. Dagegen ist es verkehrt, mehrere Kandidaten zugleich vorzuschlagen und der Generalversammlung die Auswahl unter denselben zu überlassen, weil dadurch die Ansichten geteilt werden und durch Stimmenzersplitterung Ablehnung der Vorschläge herbeigeführt werden kann.

Für die Wahl selbst ist wohl jetzt allgemein die geheime Abstimmung durch Stimmzettel eingeführt. Wo dies nicht geschehen, sollte eine dahingehende Bestimmung in das Statut aufgenommen werden. Denn bei einer Wahl durch Zuruf besteht die Gefahr, daß die Mitglieder ihre Meinung aus verschiedenen Gründen nicht frei zum Ausdruck bringen. Wo die Abstimmung durch Stimmzettel vorgeschrieben ist, kann aber auch ein Beschluß der Generalversammlung nicht von Beobachtung dieser Form entbinden. Für die Abstimmung selbst ist am besten ein besonderes Reglement aufzustellen. Ist ein solches nicht vorhanden, dann erscheint es notwendig, daß der Leiter der Versammlung vorher die Grundsätze bekannt gibt, nach welchen die Wahlen zu erfolgen haben. Dabei ist zunächst die absolute Mehrheit zu beachten, welche bei Wahlen durch Stimmzettel stets verlangt werden sollte und meist auch statutarisch vorgeschrieben ist. Unter absoluter Mehrheit ist zu verstehen, daß sich auf einen Kandidaten die Mehrheit sämtlicher abgegebenen Stimmen vereinigen muß. Sind also beispielsweise 25 Stimmen abgegeben, so bilden 13 Stimmen die absolute Mehrheit im Gegensatz zu der relativen Mehrheit, bei welcher lediglich die Mehrzahl der für einen Kandidaten abgegebenen Stimmen gegenüber den auf die übrigen Kandidaten im einzelnen entfallenen Stimmen entscheidet. Wenn über mehrere Kandidaten zugleich abgestimmt wird, dann könnte, um bei dem angeführten Beispiel zu bleiben, eine Person gewählt werden, welche von 25 abgegebenen Stimmen nur 7 erhalten hat, wenn nämlich andere Kandidaten weniger wie 7 Stimmen erhalten. Es dürfte ohne weiteres einleuchten, daß von einer Versammlung von 25 Personen die Vereinigung von 7 Stimmen auf einen Kandidaten nicht die Ansicht der ganzen Versammlung wiedergibt. Deshalb ist es notwendig, an der absoluten Mehrheit festzuhalten und zur Vermeidung von Stimmenzersplitterung nur immer über einen Vorschlag abstimmen zu lassen. Denn dabei muß stets eine absolute Mehrheit entweder für oder gegen den Vorschlag vorhanden sein, weil alle Stimmen, welche nicht für den Vorschlag sind, als Ablehnung gelten. Dabei ist es unerheblich, ob mit „ja" und „nein" oder mit dem Namen des Kandidaten abgestimmt wird.

Es würde nun noch die Behandlung ungültiger Stimmzettel zu erörtern sein. Ungültig sind Stimmzettel, wenn sie von Unberechtigten abgegeben sind, also etwa von Nichtmitgliedern, welche in der Versammlung aus irgend einem Anlaß anwesend sind. Dazu gehören auch solche Mitglieder, welche mit Schluß des Vorjahres ausgeschieden sind. Diese Stimmen rechnen bei Feststellung der absoluten Mehrheit nicht mit. Dagegen sind solche Stimmen nicht ungültig, welche von Mitgliedern abgegeben werden und anstatt einer klaren Äußerung auf den gemachten Vorschlag irgend eine sonstige — vielleicht humoristische — Meinungsäußerung enthalten, was öfter vorkommt. Diese Stimmen gelten gleichfalls als Ablehnung. Die Anmeldung der erfolgten Wahlen zur Eintragung in das Genossenschaftsregister ist Sache des Vorstandes. Dagegen liegt dem Aufsichtsrate ob, die Anstellungsverträge mit den Vorstandsmitgliedern abzuschließen. Zweckmäßig ist es, die

Anstellungsbedingungen schon vor der Wahl mit den vorzuschlagenden Kandidaten zu vereinbaren, damit sich später bei Abschluß des Anstellungsvertrages keine Meinungsverschiedenheiten ergeben. Mir sind wiederholt Fälle begegnet, in denen Vorstandsmitglieder gewählt worden sind, ohne daß auch nur die geringste Festsetzung über ihre Besoldung und die sonstigen Anstellungsbedingungen erfolgt wäre. Wenn sich auch in kleinen Verhältnissen hieraus in der Regel keine Schwierigkeiten ergeben, so gehört es doch zur Sorgfalt des ordentlichen Geschäftsmannes, die Anstellungsbedingungen urkundlich zu regeln, um für künftig jeden Zweifel auszuschließen.

Die Anstellung der Vorstandsmitglieder ist für die gesamte Geschäftserledigung von großer Wichtigkeit und bedarf daher sorgfältiger Erwägung seitens des Aufsichtsrates. Die Verteilung der Geschäfte auf die einzelnen Vorstandsmitglieder geschieht durch die Geschäftsanweisung für den Vorstand, welche in gleicher Weise wie diejenige für den Aufsichtsrat der Genehmigung durch die Generalversammlung unterliegt. Die Vorstandsmitglieder sind für ihre Tätigkeit auf die Bestimmungen der Geschäftsanweisung zu verpflichten, was am besten in dem Anstellungsvertrage zum Ausdruck gebracht wird, in welchem auch die sonstigen Anstellungsbedingungen zu regeln sind. Als besonders wichtig seien zwei Punkte hervorgehoben, die Besoldung und der Urlaub. Die erstere ist am besten nach festen Sätzen zu bestimmen, neben welchen eine mäßige Tantieme vom Reingewinn gewährt werden kann. Es ist im Interesse der Genossenschaft wie der Vorstandsmitglieder selbst zu verwerfen, die letzteren im wesentlichen auf Tantieme zu stellen, weil dadurch allerlei Unzuträglichkeiten entstehen können. Um jeden Zweifel für die Berechnung der Tantieme auszuschließen, ist es zweckmäßig, den Begriff des Reingewinns näher zu fixieren, insbesondere festzusetzen, daß etwaige Verlustabschreibungen stets vorher in Abzug zu bringen sind. Es geschieht öfter, daß, um die Tantieme zu erhöhen, die Abschreibungen für unsichere oder verlorene Forderungen erst aus einem Delkrederefonds gemacht werden, der zu diesem Zweck aus dem Reingewinn dotiert wird. Auf diese Weise erhält dann der Vorstand auch von den Abschreibungen Tantieme, was ebensowenig zu rechtfertigen ist, wie eine Tantiemeverteilung auf einen Gewinnvortrag, für welchen bereits im Vorjahre Tantieme berechnet worden ist.

Der Urlaubsfrage wird erfreulicherweise jetzt eine erhöhte Aufmerksamkeit gewidmet, nachdem durch Besprechungen auf genossenschaftlichen Kongressen die Aufmerksamkeit der Genossenschaften auf diesen wichtigen Punkt gelenkt worden ist. Es handelt sich nicht nur darum, den Vorstandsmitgliedern die Zeit zu einer notwendigen Erholung zu gewähren, was allerdings der Hauptzweck des Urlaubs sein und bleiben soll, nebenbei dient aber der Urlaub auch praktischen Zwecken der Genossenschaft selbst. Durch die abwechselnde Abwesenheit eines Vorstandsmitgliedes werden sämtliche Vorstandsmitglieder in den Stand gesetzt, einander in Erledigung ihrer Geschäfte zu vertreten, was von großer Wichtigkeit ist, damit nicht durch plötzlichen Todesfall oder sonstige Verhinderung eines Vorstandsmitgliedes eine unliebsame Störung in Erledigung der Vereinsgeschäfte eintritt. Außerdem erleichtert die Beurlaubung der Vorstandsmitglieder die Aufdeckung etwaiger Unregelmäßigkeiten, weshalb der Aufsichtsrat darauf dringen sollte, daß jedes Vorstandsmitglied jährlich seinen festgesetzten Urlaub auch wirklich benutzt.

Bevollmächtigung.

Die Anstellung von **Beamten** für die Genossenschaft überläßt der Aufsichtsrat am besten dem Vorstande und behält sich für gewisse Fälle nur das Recht der Genehmigung vor, z. B. für die Anstellung eines Buchhalters usw. Das gleiche gilt für die **Bevollmächtigung** von Beamten. Nach § 42 Abs. 2 GG. findet die Bestellung von Prokuristen oder von Handlungsbevollmächtigten zum gesamten Geschäftsbetriebe nicht statt. Es ist aber zulässig, Beamte zur Vornahme bestimmter Handlungen zu bevollmächtigen, z. B. kann ein Genossenschaftsbeamter zur Abgabe rechtsgültiger Quittungen über Kassenzahlungen bevollmächtigt werden. Da jede Bevollmächtigung immer eine Vertrauenssache ist, so erscheint es angebracht, daß sich der Aufsichtsrat in diesem Falle ganz besonders das Recht der Genehmigung vorbehält.

Besondere Beachtung verdient auch die Bevollmächtigung der Vorstandsmitglieder untereinander. Da zwei Vorstandsmitglieder rechtsverbindlich für die Genossenschaft Erklärungen abgeben können, so sind sie in der Lage, sich gegenseitig mit weitgehenden Vollmachten auszustatten, wobei der zu Bevollmächtigende sogar bei der Erklärung mitwirken kann. Einer Eintragung solcher Vollmachten in das Genossenschaftsregister bedarf es nicht. So habe ich wiederholt Fälle angetroffen, wo jedes Vorstandsmitglied selbständige Postvollmacht besaß oder wo einzelne Vorstandsmitglieder zur selbständigen Wahrnehmung gerichtlicher Geschäfte bevollmächtigt waren und gerade dadurch ist schon mancherlei Unheil über einzelne Genossenschaften herbeigeführt worden. Durch solche Bevollmächtigungen wird die Bestimmung des Genossenschaftsgesetzes, daß zur rechtsgültigen Zeichnung zwei Unterschriften erforderlich sind, umgangen und die Kontrolle erschwert. Deshalb sollte der Aufsichtsrat so allgemeine Vollmachten nicht zulassen, vielmehr verlangen, daß zu jeder für einen speziellen Fall etwa notwendig werdenden Bevollmächtigung seine Genehmigung eingeholt wird. In der Praxis wird diesem außerordentlich wichtigen Punkte noch viel zu wenig Aufmerksamkeit zugewendet.

Da der Aufsichtsrat der gesetzliche Vertreter der Genossenschaft dem Vorstande gegenüber ist, so liegt ihm auch ob, die von den Vorstandsmitgliedern unterzeichnete Geschäftsanweisung des Vorstandes, die Anstellungsverträge, sowie die etwa gestellten Kautionen der Vorstandsmitglieder in Verwahrung zu nehmen. Dies geschieht am besten, indem dem Aufsichtsrate ein besonderes Fach in dem Geldschranke oder Tresor des Vereins unter eigenen Verschluß gegeben wird, wo auch die sonstigen wichtigen Schriftstücke des Aufsichtsrates aufbewahrt werden können. Wenn die Verhältnisse eines Vereins diese Maßnahme nicht gestatten und ein einzelnes Aufsichtsratsmitglied die mit der Aufbewahrung verbundene Verantwortlichkeit nicht übernehmen will, dann ist es zweckmäßig, die Werte und wichtigen Urkunden bei einer Bank oder sonstigen sicheren Stelle (Gemeindekasse usw.) zur Aufbewahrung zu geben.

Geschäftsanweisungen.

Nachdem der Vorstand ordnungsmäßig in seine Funktionen eingesetzt ist, hat der Aufsichtsrat weiter dafür zu sorgen, daß dem Vorstande für die Ausübung seiner Tätigkeit entsprechende Anweisungen gegeben sind. Falls hierfür bereits im Statut bestimmte Vorschriften vorgesehen sind, dann ist für Ausführung derselben zu sorgen. In erster Linie kommt hierbei die bereits erwähnte Geschäftsanweisung (Instruktion) in Betracht, in welcher die jedem Vorstandsmitgliede zugewiesenen Funktionen genau festgelegt und über Ausübung derselben im einzelnen Bestimmungen getroffen sind. In gleicher Weise ist darauf zu achten, daß auch für die einzelnen Geschäftszweige zweckentsprechende Geschäftsordnungen vorhanden sind, welche dem Vorstande zur Richtschnur für seine Geschäftsführung dienen.

Auch der Aufsichtsrat bedarf zu einer ordnungsmäßigen Ausübung seiner Funktionen solcher Richtlinien, nach welchen die gesamte Tätigkeit zu regeln ist. Daher ist wie für den Vorstand, so auch für den Aufsichtsrat eine Geschäftsanweisung notwendig und bei Vereinen, wo eine solche nicht vorgeschrieben ist, sollte sie sich der Aufsichtsrat selbst geben. Es ist jedoch von besonderer Wichtigkeit, daß die Geschäftsanweisung statutarisch vorgeschrieben und der Genehmigung der Generalversammlung vorbehalten ist. Denn wenn sich der Aufsichtsrat das Reglement über seine Geschäftstätigkeit selbst gibt, dann ist er auch in der Lage, es jederzeit selbständig abzuändern. Es könnten also wichtige Bestimmungen durch einfachen Beschluß des Aufsichtsrates beseitigt werden, was durch den Vorbehalt der Genehmigung durch die Generalversammlung erschwert werden soll. Die Erfahrung hat nun aber leider gezeigt, daß auch bei vorhandener Geschäftsanweisung die Bestimmungen derselben oft nicht eingehalten werden, mitunter ist einzelnen Mitgliedern des Aufsichtsrates das Vorhandensein einer Geschäftsanweisung nicht einmal bekannt. Oft wird letztere nur gelegentlich der Verbandsrevision auf Veranlassung des Revisors hervorgesucht, um dann wieder weitere 2 Jahre unberührt zu bleiben. Damit sich die Bestimmungen der Geschäftsanweisung den Aufsichtsratsmitgliedern einprägen, ist es zweckmäßig, sie in bestimmten Zwischenräumen, mindestens aber, sobald neue Mitglieder in den Aufsichtsrat eintreten oder die Konstituierung sonst eine Veränderung erfährt, in der Sitzung vorzutragen. Dabei wird es nicht unterbleiben, daß eine sehr nützliche Besprechung über einzelne Punkte der Geschäftsanweisung stattfindet. (Muster zu den Geschäftsanweisungen, sowohl für Vorstand, wie für Aufsichtsrat sind von dem Bureau des allgemeinen Verbandes in Charlottenburg unentgeltlich zu beziehen.)

Konstituierung des Aufsichtsrates.

Nachdem die Wahl der Aufsichtsratsmitglieder stattgefunden hat, mindestens bei Beginn der Amtsperiode ist es notwendig, daß sich der Aufsichtsrat als Körperschaft konstituiert, daß er also den Vorsitzenden und seinen Stellvertreter, Schriftführer nebst Stellvertreter wählt und sonstige Ämter, z. B. für die Revisionen, verteilt. Man findet öfter, daß die Konstituierung des Aufsichtsrates mitunter viele Jahre unterbleibt, teils weil kein Wechsel in den Personen eingetreten ist oder weil es überhaupt nicht für nötig gehalten wird, eine Änderung eintreten zu lassen. Indes ist dieser Punkt durchaus nicht unwichtig, da von der Besetzung der Ämter innerhalb des Aufsichtsrates vielfach seine ganze Geschäftstätigkeit abhängt. Deshalb sollte alljährlich eine Neukonstituierung vorgenommen werden. Namentlich ist die Wahl des Vorsitzenden, von großer Bedeutung, weil dieser die Sitzungen anzuberaumen, wie überhaupt die gesamte Tätigkeit des Aufsichtsrates zu regeln und zu überwachen hat. Das Amt des Vorsitzenden ist daher ganz besonders verantwortungsvoll. Der Aufsichtsrat darf auch nicht zögern, einem seiner Mitglieder ein übertragenes Amt zu entziehen, wenn es dasselbe nicht gewissenhaft verwaltet. Es hat sich schon oft gezeigt, daß bei Vereinen, in denen der Vorsitzende lässig ist, es auch die übrigen Aufsichtsratsmitglieder bald an dem erforderlichen Eifer fehlen lassen, während anderseits auch Fälle vorkommen, in denen einzelne Aufsichtsratsmitglieder mit der Säumigkeit des Vorsitzenden keineswegs einverstanden sind, es aber aus verschiedenen Gründen nicht unternehmen, auf die Wahl eines neuen Vorsitzenden zu dringen. Das ist vollständig verkehrt, weil sich die Aufsichtsratsmitglieder nicht mit dem Hinweise auf die Säumigkeit des Vorsitzenden, der vielleicht keine Sitzungen anberaumt hat, von ihrer eigenen Verantwortlichkeit befreien können. Namentlich in kleinen Vereinen spielen die persönlichen Verhältnisse mitunter eine unerfreuliche Rolle und es ist leider Tatsache, daß mitunter Personen, welche Interesse für die Genossenschaft haben und mit ihren Kenntnissen dem Aufsichtsrate sehr zu statten kommen würden, lieber wieder aus dem Aufsichtsrate ausscheiden, weil sie mit der Geschäftshandhabung nicht einverstanden sind, sich aber keine persönlichen Gegner machen wollen. Dazu kommt noch, daß ein einzelnes Mitglied des Aufsichtsrates kein Recht hat, irgendwelche Revisionen selbständig vorzunehmen. Hierzu gehört vielmehr ein besonderer Auftrag des gesamten Aufsichtsrates.

Ähnlich verhält es sich mit der Revisionskommission. Diese hat zwar schon durch ihre Wahl das Recht zu revidieren, doch kann auch hier nicht jedes Mitglied der Kommission nach Belieben revidieren, es ist vielmehr ebenfalls an die Beschlüsse der Kommission selbst gebunden, zu welchen der Vorsitzende die Initiative ergreifen muß.

Sitzungen.

Für die ordnungsmäßige Ausübung der Funktionen des Aufsichtsrates ist es zweckmäßig, daß regelmäßige (ordentliche) Sitzungen abgehalten werden, welche je nach dem Umfange der Geschäfte wöchentlich oder monatlich stattfinden sollten. Das Abhalten monatlicher Sitzungen ist aber das Mindeste, was geschehen sollte, denn auch in kleinen Vereinen sammelt sich im Laufe eines Monats genügend Beratungsstoff an. Bei einer längeren Frist sind die Aufsichtsratsmitglieder nicht imstande, sich fortlaufend über die Vereinsgeschäfte unterrichtet zu halten. Die Praxis hat auch gezeigt, daß es nicht schwer ist, die regelmäßigen Sitzungen einzuführen. Selbst in Fällen, in denen man glaubte, daß infolge örtlicher Entfernung oder beruflicher Verhinderung die Abhaltung regelmäßiger Sitzungen kaum durchzuführen sein würde, haben sich die Aufsichtsratsmitglieder überraschend schnell an die Einhaltung der festgesetzten Zeiten gewöhnt.

Neben den ordentlichen Sitzungen können selbstverständlich nach Bedarf jederzeit auch außerordentliche Sitzungen abgehalten werden. Während aber für die ersteren, deren Tagesordnung in der Regel unverändert feststeht, eine besondere Einladung nicht erforderlich ist, es sei denn, daß außergewöhnliche Punkte zur Beratung stehen, ist es notwendig, daß für die außerordentlichen Sitzungen besondere Einladungen mündlich oder schriftlich mit Angabe der Tagesordnung erlassen werden. Um allen Mitgliedern des Aufsichtsrates Gelegenheit zur Teilnahme an der Sitzung zu geben, ist für die Einberufung eine kurze Frist, deren Zeitdauer sich nach den örtlichen Verhältnissen zu richten hat, vorzusehen. Doch muß Vorsorge getroffen werden, daß in besonders eiligen Fällen auch von Einhaltung dieser Frist abgesehen werden kann.

Je nach dem Beratungsstoff sind die Sitzungen als reine Aufsichtsratssitzungen oder als gemeinschaftliche Sitzungen des Vorstandes und Aufsichtsrates zu bezeichnen, was im Protokoll entsprechend zum Ausdruck kommen muß. Alle Angelegenheiten, welche die Anstellung und die Geschäftstätigkeit des Vorstandes betreffen, gehören in eine Aufsichtsratssitzung. Dieselbe kann ohne die Vorstandsmitglieder abgehalten werden, was insbesondere notwendig ist, wenn Beschwerden gegen die Geschäftsführung zu erledigen oder sonst Beschlüsse zu fassen sind, welche sich auf die Geschäftstätigkeit der Vorstandsmitglieder beziehen. Das schließt jedoch nicht aus, daß die Vorstandsmitglieder zur Auskunfterteilung zugezogen werden, was oft unerläßlich sein wird. Die Einladung zu den Aufsichtsratssitzungen geht vom Vorsitzenden oder seinem Stellvertreter aus.

Bei einer großen Zahl von Genossenschaften ist — analog den Vorschriften des Musterstatuts der Anwaltschaft des Allgemeinen Verbandes — dem Aufsichtsrate eine Mitwirkung bei der Geschäftserledigung vorbehalten, wozu insbesondere die Genehmigung der vom Vorstande beschlossenen Kredite gehört, im Gegensatze zu anderen Gegenständen, z. B. Aufnahme neuer Mitglieder, die einer gemeinschaftlichen Beschlußfassung von Vorstand und Aufsichtsrat unterliegt. Da über die Abstimmungsart mitunter Meinungsverschiedenheiten vorhanden sind, so sei hier kurz hervorgehoben, daß sich die Abstimmung natürlich nach den vorhandenen Vorschriften richten muß. Dieselben sind zweckmäßig so zu treffen, daß in der Aufsichtsratssitzung Stimmenmehrheit der Anwesenden entscheidet, wobei vorzusehen ist, daß immer eine entsprechende Anzahl der Aufsichtsratsmitglieder, mindestens die Mehrheit, in der Sitzung anwesend sein muß. Der Vorstand hat in diesen Sitzungen keine beschließende, sondern nur eine beratende Stimme, im Gegensatz zu der gemeinschaftlichen Sitzung, in welcher auch dem Vorstande das gleiche Stimmrecht wie dem Aufsichtsrate zusteht. Da aber der Vorstand in der Regel viel weniger Mitglieder zählt, als der Aufsichtsrat, so würde er eine ständige Majorisierung zu gewärtigen haben, wenn bei der Abstimmung nur die einzelnen Stimmen gezählt würden. Zur Erläuterung sei folgendes Beispiel angeführt. Angenommen, es handle sich um die vom Aufsichtsrat beantragte Bevollmächtigung eines Beamten, wozu gemeinschaftliche Abstimmung gehört; der Vorstand zählt 3, der Aufsichtsrat 9 Mitglieder. In der Sitzung sind die 3 Vorstandsmitglieder und 6 Aufsichtsratsmitglieder anwesend. Wenn nach Stimmen abgestimmt wird, dann würden 5 Aufsichtsratsmitglieder, auch gegen die geschlossene Opposition des Vorstandes, in der Lage sein, die Bevollmächtigung zu erteilen, in diesem Falle also den Vorstand zur Ausführung einer wichtigen Maßnahme zu veranlassen, welche dieser nach dem Ergebnis der Abstimmung für nicht im Interesse der Genossenschaft liegend erachtet. In gleicher Weise könnte eine knappe Mehrheit des Aufsichtsrates gegen den Vorstand stets ihren Willen durchsetzen, ja sogar eine Minderheit des gesamten Aufsichtsrates könnte dazu schon imstande sein, wenn in der Sitzung ein Mitglied des Vorstandes fehlt. Auf das angegebene Beispiel angewendet, würden bei einer Anwesenheit von 2 Vorstands- und 5 Aufsichtsratsmitgliedern, vorausgesetzt, daß nach dem Statut zur Beschlußfähigkeit nicht eine höhere Zahl vorgeschrieben ist, 4 Stimmen die Majorität bilden. Es wird auch von den Anhängern der Abstimmung nach Einzelstimmen zugegeben werden müssen, daß einer Möglichkeit, wie sie hier nur an einem Beispiel geschildert ist, vorgebeugt werden muß, die sich mit der Verantwortlichkeit des Vorstandes ohnehin nicht verträgt. Dieser Zweck wird erreicht durch die Abstimmung nach Körperschaften, indem nur solche Beschlüsse als ordnungsmäßig gefaßt gelten, welche die Mehrheit der Stimmen der anwesenden Mitglieder des Vorstandes und des Aufsichtsrates nach Organen getrennt erhalten haben. Beide Organe müssen dabei also getrennt abstimmen. Durch dieses Verfahren fühlen sich mitunter Aufsichtsratsmitglieder in ihren Rechten beschränkt, weil es ihnen trotz Majorität innerhalb ihrer Körperschaft nicht möglich ist, Gegenstände, die der gemeinschaftlichen Beschlußfassung unterliegen, gegen den Willen des Vorstandes durchzusetzen. Es ist nicht zu verkennen, daß daran manche vom Aufsichtsrate gewünschte Vervollkommnung scheitern kann, z. B. anderweite Festsetzung oder Vermehrung der Geschäftsstunden, Einführung neuer Geschäftszweige (Kontokorrent-Scheckverkehr), die mitunter beim Vorstande weniger aus sachlichen, wie vielmehr aus persönlichen Gründen auf Widerstand stößt. Deshalb ist aber das System der Abstimmung nicht zu verwerfen. Die mancherlei Bedenken werden jedoch dazu führen, daß die Anzahl derjenigen Gegenstände, welche einer gemeinschaftlichen Beschlußfassung unterliegen, möglichst beschränkt wird.

Über jede Sitzung ist selbstverständlich ein Protokoll zu führen, aus welchem insbesondere hervorgeht, ob eine gemeinschaftliche oder Aufsichtsratssitzung abgehalten ist und ob auch zur Herbeiführung der Beschlüsse die Bestimmungen des Statuts über Beschlußfähigkeit, Abstimmung usw. eingehalten sind. Jedes Mitglied, welches mit einem Beschlusse nicht einverstanden ist, hat das Recht, seine abweichende Meinung im Protokoll zum Ausdruck zu bringen. Von diesem Recht sollte bei wichtigen Angelegenheiten stets Gebrauch gemacht werden, weil eine solche Feststellung später von Bedeutung sein kann. Durch Statut oder Geschäftsanweisung ist in der Regel bestimmt, daß Mitglieder, welche bei einem Beratungsgegenstande beteiligt sind, der Beratung und Beschlußfassung darüber nicht beiwohnen dürfen. Auch bei Vereinen, in welchen diese Vorschrift nicht besteht, sollte sie dennoch gehandhabt werden, weil es im Interesse einer objektiven Beratung liegt, wenn der freie Meinungsaustausch durch Anwesenheit des Betreffenden nicht gehindert wird. Die Beobachtung dieser Bestimmung ist durch einen kurzen Vermerk im Protokoll: „bei der Beratung zu Punkt x hatte sich Herr Y. Z. aus dem Sitzungszimmer entfernt" zu konstatieren. Die Protokolle für die regelmäßigen Aufsichtsratssitzungen können durch schematischen Vordruck für die Eintragung der zu genehmigenden Anträge vereinfacht werden.

Der Protokollführung ist besondere Aufmerksamkeit zu widmen, da sie den Nachweis für die Tätigkeit des Aufsichtsrates bildet, auf welchen bei allen Streitfällen nach Jahren noch zurückgegriffen wird. Die gefaßten Beschlüsse müssen genau aus dem Protokoll hervorgehen. Für die regelmäßigen Vorlagen des Vorstandes für Genehmigung von Krediten usw. kann auf die entsprechenden Niederschriften des Vorstandes Bezug genommen werden, es ist aber zweckmäßig, trotzdem einen kurzen Vermerk im Protokoll zu machen etwa folgenden Inhalts:

Gesuche Nr. 5—10 der Antragsliste im Gesamtbetrage von 7850 Mk. wurden genehmigt, Nr. 7 mit der dem Antrage beigefügten Bedingung, Nr. 11 wurde abgelehnt.

Diese Maßnahme geschieht sowohl im Interesse des Vorstandes, wie des Aufsichtsrates. Denn in Fällen eingetretener Verluste entstehen leicht Zweifel und Meinungsverschiedenheiten darüber, ob die Vorlagen seinerzeit so genehmigt sind, wie sie sich später in dem Antragsbuche vorfinden.

Berichterstattung des Vorstandes.

Damit der Aufsichtsrat fortlaufend über die Geschäfte der Genossenschaft unterrichtet bleibt, ist es notwendig, daß er sich in jeder ordentlichen Sitzung einen ausführlichen Bericht über die seit der vorigen Sitzung eingetretenen, wichtigen Geschäftsvorfälle, namentlich aber über die Kassenverhältnisse und eine etwaige Veränderung in der Vermögenslage des Vereins vom Vorstande erstatten läßt. Daher kann als ständiger Punkt für diese Sitzungen die Berichterstattung des Vorstandes auf der Tagesordnung stehen.

Die Berichterstattung geschieht am besten an der Hand der Bücher, welche bei dieser Gelegenheit dem Aufsichtsrat zur Einsichtnahme zu unterbreiten sind. Um ganz sicher zu gehen, besteht bei verschiedenen Vereinen die Gepflogenheit, daß ein Aufsichtsratsmitglied die Geschäfte selbst aus den Grundbüchern vorträgt. Durch diese regelmäßige Einsichtnahme in die Bücher bleibt der Aufsichtsrat am besten über die Geschäfte unterrichtet und ist in der Lage, sich in Zweifelsfällen sofort Gewißheit über die einzelnen Engagements zu verschaffen.

Zu den regelmäßigen Berichten, welche der Vorstand zu erstatten hat, gehört auch die Vorlegung monatlicher Rohbilanzen, von deren Aufstellung in keinem Vereine Abstand genommen werden sollte, weil sie dem Vorstande selbst und dem Aufsichtsrat die sicherste Grundlage für Beurteilung des Vermögensstandes bietet. Bei einer einigermaßen zweckmäßigen Einrichtung der Buchführung macht die Aufstellung monatlicher Rohbilanzen dem Vorstande wenig Arbeit, es ist aber damit schon eine gewisse Garantie gegeben, daß die Bücher nicht in Rückstand kommen, da selbstverständlich darauf gesehen werden muß, daß die Rohbilanzen in kürzester Frist vorgelegt werden. Bei Vereinen, welche nur monatlich eine Sitzung abhalten, wird dieselbe so anzusetzen sein, daß die Vorlage der Monatsbilanz stets möglich ist. Vereine mit ganz geringem Geschäftsverkehr können sich eventuell mit vierteljährlichen Rohbilanzen begnügen. Auf die Prüfung der Rohbilanzen, welche natürlich ebenfalls erfolgen muß, komme ich bei Besprechung der Revision des Rechnungswesens zurück.

Mitwirkung bei der Kreditgewährung.

Für die Kreditgenossenschaften bildet die Gewährung der Kredite den Hauptteil des Geschäftsbetriebes, weshalb auch die statutenmäßig vorgesehene Mitwirkung des Aufsichtsrates hierbei für seine gesamte Tätigkeit von besonderer Bedeutung ist. Die Zahl derjenigen Vereine, in welchen die Kreditgewährung dem selbständigen Ermessen des Vorstandes anheimgegeben ist, ist im allgemeinen gering, meist handelt es sich dabei um größere Genossenschaften, bei denen der Aufsichtsrat sich nicht mit jedem

Einzelkredit befassen kann. In diesen Fällen beschränkt sich seine Tätigkeit auf die Prüfung, ob sich die gewährten Kredite innerhalb der festgesetzten Grenzen bewegen. Dagegen ist bei der Mehrzahl der Kreditgenossenschaften das in dem Musterstatut des allgemeinen Verbandes vorgesehene Verfahren zur Anwendung gelangt, daß sämtliche Kredite der Genehmigung des Aufsichtsrates unterliegen, während die Gewährung der Kredite Sache des Vorstandes als des ausführenden Organs ist. In der Praxis wird der Unterschied zwischen „Genehmigung" und „Gewährung" nicht immer richtig erfaßt, weshalb ich mit einigen Worten näher darauf eingehen will. Der Vorstand hat zunächst darüber selbständig zu befinden, ob er einem Kreditantrage stattgeben will oder nicht. Er kann demgemäß Anträge im voraus ablehnen, über welche der Aufsichtsrat dann nicht mehr zu befinden hat. Es ist jedoch erwünscht, wenn dem Aufsichtsrat zu dessen eigener Orientierung die abgelehnten Gesuche zur Kenntnisnahme mitgeteilt werden. Anderseits hat aber der Vorstand das Recht, einen Kredit, welcher vom Aufsichtsrat genehmigt ist, nicht zur Auszahlung zu bringen, wenn ihm aus irgendwelchen inzwischen eingetretenen Umständen die Gewährung nicht ratsam erscheint.

Ein Unterschied bei der Genehmigung der Kredite durch den Aufsichtsrat besteht noch zwischen denjenigen Vereinen, bei welchen die Genehmigung von Fall zu Fall zu erfolgen hat und denjenigen, welche an der Hand einer Kreditfähigkeitsliste arbeiten. In beiden Fällen ist aber grundsätzlich daran festzuhalten, daß keine Auszahlung vorher erfolgen darf, ehe nicht die vorgesehene Genehmigung erteilt ist. In der Praxis läßt sich allerdings, wie zugegeben werden soll, dieser Grundsatz nicht immer streng durchführen. Eine vorherige Auszahlung neuer Kredite darf sich indes immer nur auf Ausnahmen beschränken, für welche die nachträgliche Genehmigung einzuholen ist. Wenn es der Vorstand aber allmählich zur Regel werden läßt, die Kredite erst nach ihrer Auszahlung zur Genehmigung vorzulegen, so daß der Aufsichtsrat in die Zwangslage versetzt wird, entweder die Kredite zu genehmigen oder die Genehmigung zu versagen und dem Vorstande bis zur Rückzahlung die Verantwortung zuzuschieben, dann ist es Pflicht des Aufsichtsrates, in energischer Weise gegen dieses Verfahren zu protestieren und eine Rückkehr zu der vorgeschriebenen Handhabung zu veranlassen. Denn in einzelnen Fällen kann sich der Aufsichtsrat wohl durch Nichtgenehmigung solcher Kredite von seiner Verantwortlichkeit befreien, nicht aber, wenn er ein statutenwidriges Verfahren stillschweigend zuläßt.

Die Handhabung bei Genehmigung der Kredite richtet sich im allgemeinen nach den verschiedenen Arten der Kreditgewährung. Wenn ein Mitglied einen Vorschuß wünscht, den es allmählich abzutragen gedenkt, dann kann es in der Regel den Antrag so rechtzeitig stellen, daß die Genehmigung in der nächsten Aufsichtsratssitzung oder in einer besonders anzuberaumenden Sitzung möglich ist. Das ist die einfachste Form der Kreditgewährung, welche sich in ihrer ursprünglichen Form bei einer großen Anzahl von — meist ländlichen — Genossenschaften erhalten hat. Bei der Genehmigung der Gesuche ist stets die Vorbelastung zu berücksichtigen, welche vom Vorstande bei Vorlage des Gesuches anzugeben ist.

Auch bei Kontokorrentkrediten kann die vorherige Genehmigung unschwer durchgeführt werden, weil dabei in der Regel eine dauernde Geschäftsverbindung beabsichtigt ist, für welche ein Antrag mit Begrenzung der Kreditsumme und Angabe der zu stellenden Sicherheit rechtzeitig vorher gestellt werden kann. Der Aufsichtsrat hat dann zu beschließen, ob er den vom Vorstande bereits beschlossenen Kredit genehmigen will. Nach der Genehmigung kann der Vorstand nach Bedarf innerhalb der festgesetzten Grenze Auszahlungen vornehmen, wie Zahlungen entgegennehmen. Der Aufsichtsrat hat dann später zu prüfen, ob die gefaßten Beschlüsse hinsichtlich Kredithöhe und Sicherstellung eingehalten sind.

Eine andere Handhabung verlangt das Diskontgeschäft und der Lombardverkehr (Kredit gegen Beleihung von Wertpapieren), weil ein Geschäftsfreund, welcher in dieser Weise den Kredit in Anspruch nehmen will, in der Regel das Geld unerwartet und schnell braucht. Es würde seine Dispositionen empfindlich stören, wenn er warten müßte, bis der Aufsichtsrat in einer Sitzung den Kredit genehmigt hat. Wollte ein Verein hierbei Schwierigkeiten machen, dann würde der Verkehr in diesen Geschäftszweigen unterbunden und die Kundschaft in die Hände der Konkurrenz getrieben werden. Um den Geschäftsverkehr zu erleichtern, ist es zweckmäßig, daß vom Aufsichtsrat in Gemeinschaft mit dem Vorstande besondere Grenzen im voraus festgesetzt werden. Für den Lombardverkehr geschieht dies durch Festsetzung eines Reglements, in welchem die Beleihungsgrenze für die einzelnen Gattungen von Wertpapieren genau normiert ist. An diese Vorschriften muß sich der Vorstand halten. Sollen Effekten beliehen werden, welche in dem Beleihungsreglement nicht genannt sind, dann ist vor der Beleihung die Genehmigung des Aufsichtsrates im Einzelfall einzuholen. Die Erfüllung dieser Form ist aber um so notwendiger, weil es sich dann meist um Effekten handeln wird, deren Wertbemessung schwierig ist, weshalb bei der Beleihung besondere Vorsicht geboten erscheint (vgl. S. 74).

Schwieriger ist die Festsetzung des Diskontkredits im voraus, weil dabei die gebotenen Sicherheiten, welche in den Wechselunterschriften liegen, nicht bekannt sind. Indes gibt hier die Erfahrung den besten Wegweiser, denn der Vorstand lernt den Kundenkreis und die Kreditansprüche der Geschäftsfreunde schnell kennen, so daß der Aufsichtsrat danach einen Anhalt für die Einschätzung gewinnt. Wenn sich in einzelnen Fällen ergibt, daß die Einschätzung nicht ausreicht, dann ist es jederzeit möglich, über eine Erhöhung einen erneuten Beschluß herbeizuführen. Merkwürdigerweise finden sich häufiger Fälle, wo der Aufsichtsrat Bedenken trägt, vorherige Einschätzungen vorzunehmen, sei es, daß er befürchtet, dem Vorstande dadurch eine zu große Machtbefugnis einzuräumen, oder seine eigene Verantwortlichkeit zu erhöhen. Mir sind Fälle begegnet, in denen sich der Aufsichtsrat direkt geweigert hat, Einschätzungen für Diskontkredite festzusetzen und die gemachten Geschäfte zu genehmigen. Gleichwohl ließ er dieselben stillschweigend zu und glaubte, seiner Pflicht genügt zu haben, wenn er die Verantwortung dafür dem Vorstande überließ. In einem solchen Falle würde mit Recht bei Verlusten auf den Aufsichtsrat zurückgegriffen werden können, dessen Pflicht es gewesen wäre, diese statutenwidrig gewährten Kredite zu verhindern. Die

Bedenken, welche gegen eine vorherige Einschätzung geltend gemacht werden können, sind bei einer genügenden Überwachung der Kreditgewährung nicht stichhaltig. Denn die Gefahren, die in der Genehmigung der Diskontgeschäfte von Fall zu Fall liegen, sind mindestens ebenso groß, wie bei der vorherigen Einschätzung, weil es kaum möglich ist, bei der Vorlage einzelner Wechsel stets das Gesamtengagement und gleichzeitig das Obligo der betreffenden Giranten im Auge zu behalten. Wenigstens hat die Erfahrung gezeigt, daß der Aufsichtsrat gerade bei der Genehmigung von Fall zu Fall oft die Gesamtbelastung nicht kennt, auch nicht genügend auf gegenseitige Gefälligkeiten achtet und dann sehr erstaunt ist, wenn bei der gesetzlichen Revision die Höhe der einzelnen Engagements festgestellt wird. Da außerdem die Diskontgeschäfte nach Lage der Sache erst nachträglich vorgelegt werden können, so komme ich zu dem Ergebnis, daß es richtiger und zweckdienlicher ist, für den Diskontkredit stets Einschätzungen im voraus festzusetzen und die Einhaltung der festgesetzten Grenzen genügend zu überwachen.

Kreditliste.

Bei Vereinen, welche die Kredite an der Hand einer Kreditfähigkeitsliste gewähren, unterliegt die Aufstellung der Kreditliste meist dem gemeinschaftlichen Beschlusse von Vorstand und Aufsichtsrat, gehört demnach in die gemeinschaftliche Sitzung. Die Kreditliste wird zweckmäßig in zwei Exemplaren geführt, so daß Vorstand und Aufsichtsrat je ein Exemplar zur Verfügung haben. Die Einschätzung geschieht in der Weise, daß nach erfolgter Aufnahme eines Mitgliedes und gewissenhafter Prüfung seiner Vermögensverhältnisse die Kreditgrenze festgesetzt wird. Sind hierfür keine zuverlässigen Anhaltspunkte vorhanden, dann läßt man es zunächst bei einer niedrigen Einschätzung bewenden oder setzt dieselbe ganz aus, bis ein Kreditantrag des betreffenden Mitgliedes eingeht. In den meisten Fällen wird jedoch kaum ein Zweifel entstehen, weil das Aufnahmegesuch in der Regel mit einem Kreditantrage verknüpft ist, wodurch bestimmte Anhaltspunkte für die Höhe des Kredits und seine Sicherstellung gegeben sind.

Außer der fortlaufenden Kontrolle, ob sich die gewährten Kredite innerhalb der festgesetzten Kreditgrenzen bewegen, ist es erforderlich, daß die gesamte Kreditliste einer periodischen Revision unterworfen wird, was ebenfalls in gemeinschaftlicher Sitzung zu geschehen hat. Da bei großen Vereinen diese Arbeit, welche eine sorgfältige Prüfung etwa vorgekommener Veränderungen in den Vermögensverhältnissen der Mitglieder erfordert, nicht in einer Sitzung zu erledigen ist, muß dieselbe in mehreren Teilen vorgenommen werden, worüber ein entsprechender Vermerk im Protokoll zu machen ist, etwa folgendermaßen:

„Die Kreditliste wurde vom Buchstaben A—K oder von Nr. 1—200 der Mitgliederliste revidiert."

Die gefaßten Beschlüsse sind am besten in einer besonderen Kolonne der Liste einzutragen, welche zu diesem Zweck mit mehreren Rubriken zu versehen ist, damit nicht für jede Neueinschätzung die Aufstellung einer neuen Liste notwendig wird. Wenn nur ein Exemplar der Liste geführt wird, ist es zweckmäßig, daß ein Aufsichtsratsmitglied die Eintragung der festgesetzten Summen in die Liste bewirkt, um für künftig einen Zweifel in die Richtigkeit der Einschätzung auszuschließen.

Die Einschätzung kann für das Gesamtkreditgeschäft in einer Summe erfolgen, sie kann aber auch für jeden Geschäftszweig getrennt vorgenommen werden dergestalt, daß für Vorschuß-, Kontokorrent-, Diskontkredit und sonstige Kreditarten einzelne Summen festgesetzt werden, welche aber in ihrem Gesamtbetrage für das einzelne Mitglied die von der Generalversammlung gemäß § 49 GG. festgesetzte Höchstgrenze nicht überschreiten dürfen. Besonderer Erwägung bedarf die Behandlung der Bürgschaften. Während bei der Einzelgenehmigung der Aufsichtsrat in der Lage ist, von Fall zu Fall die Bonität der gebotenen Sicherstellung zu prüfen, bleibt bei dem Arbeiten nach der Kreditliste die Beurteilung der Sicherstellung dem Vorstande überlassen. Für materielle Sicherstellungen durch Wertpapiere, Hypothek oder sonstige Werte können dem Vorstande bestimmte Richtlinien durch Geschäftsordnungen gegeben werden. Für die Sicherstellung durch Bürgschaft ist das nur möglich, indem auch hierfür eine Einschätzung vorgenommen wird, welche sich allerdings im wesentlichen auf die Mitglieder beschränkt. Da die Bürgschaftsübernahme nicht an die Mitgliedschaft gebunden ist, so wird mit der Einschätzung der Mitglieder für Bürgschaften nicht allen Eventualitäten Rechnung getragen, aber es ist schon viel erreicht, wenn dadurch dem Vorstande bestimmte Anhaltspunkte gegeben sind und sich namentlich auch der Aufsichtsrat über die Behandlung der Bürgschaften einig geworden ist (vgl. S. 67).

Das Formular für die Kreditliste könnte demnach ungefähr wie folgt aufgestellt werden:

Des Mitgliedes		Betrag der Einschätzung vom				Bemerkungen
Nr.	Name u. Wohnort	1. Jan. . .	1 April	1. Juli	1. Okt.	
1	L. Alexander Köln	V(orschuß) 2000	3500			Vorausſetzung für den Kontokorrentkredit iſt die Eintragung hypothekariſch. Sicherheit
		D(iskont) 5000	7500			
		K.K(orrent) 10000	10000			
		B(ürgschaft) 10000	10000			
2	Bernh. Bär Mühlheim (Rh.)	V. 5000	3000			Herabſetzung muß bis 1. Juli durchgeſ. ſein, da d. Verhältn. weg. Erbauseinanderſetzung ungünſtiger geworden ſind
		D. 10000	5000			
		K.K. —	—			
		B. 5000	5000			

In den Raum für „Bemerkungen“ können wichtige Notizen über Veränderungen in den Vermögensverhältnissen oder auch Angaben über bestimmte Sicherstellungen gemacht werden.

Durch die Aufstellung der Kreditliste soll die Einzelgenehmigung der Kredite ersetzt werden. Dem Aufsichtsrat sind deshalb die Anträge nicht von Fall zu Fall zur Genehmigung zu unterbreiten, sondern der Vorstand entscheidet selbständig über die Gewährung der Kredite innerhalb der festgesetzten Grenzen und dem Aufsichtsrate liegt es ob, eine entsprechende Prüfung der gewährten Kredite vorzunehmen, wobei insbesondere auch die gestellten Sicherheiten einer genauen Prüfung zu unterziehen sind, weil bei der Einschätzung die Art der Sicherstellung in der Regel unbekannt ist. Während meiner Revisionstätigkeit habe ich wiederholt Fälle angetroffen, in denen trotz des Vorhandenseins einer Kreditliste dem Aufsichtsrate alle Kredite in den regelmäßigen Sitzungen zur Genehmigung vorgelegt wurden. Der Aufsichtsrat ist sich dabei in der Regel nicht bewußt, daß er bei jeder neuen Genehmigung die festgesetzten Grenzen der Kreditliste verändert und den praktischen Zweck der letzteren illusorisch macht. Außerdem übt er durch die Genehmigung eine Tätigkeit aus, welche im Statut nicht vorgesehen ist, da in der Regel bei Vereinen, welche an der Hand der Kreditliste arbeiten, die Feststellung derselben einem gemeinschaftlichen Beschlusse von Vorstand und Aufsichtsrat unterliegt. Von einer Genehmigung der Kredite durch den Aufsichtsrat kann hierbei grundsätzlich keine Rede mehr sein. Die Mitwirkung des Aufsichtsrates bei der Kreditgewährung besteht in diesem Falle in der Aufstellung, Abänderung und Revision der Kreditliste gemeinsam mit dem Vorstande. Auch vom praktischen Standpunkte ist das erwähnte Verfahren zu widerraten, weil der Aufsichtsrat leicht in den Glauben versetzt wird, es handle sich bei den vorgetragenen Summen um Kredite, welche innerhalb der festgesetzten Grenzen liegen, während diese in Wirklichkeit vielleicht längst überschritten sind. Gegen eine Vortragung der gewährten Kredite in den regelmäßigen Sitzungen des Aufsichtsrates zur Kenntnisnahme ist nichts einzuwenden, dieselbe ist sogar zur Orientierung wünschenswert. Eine Genehmigung darf damit nicht verknüpft sein, weil sonst in jedem Einzelfall untersucht werden müßte, ob die in der Kreditliste festgesetzte Summe nicht überschritten ist. Bei Vorhandensein einer Kreditliste ist die Prüfung der Kredite nach dieser Liste eine seiner wichtigsten Aufgaben, auf welche ich später noch zurückkomme.

Vorschriften für die einzelnen Geschäftszweige.

Zu den sonstigen Gegenständen, welche in der Regel der gemeinschaftlichen Beschlußfassung vorbehalten sind, gehört die Festsetzung der Geschäftsordnungen für die einzelnen Geschäftszweige. Darunter sind die Grundsätze für Aufnahme fremder Gelder besonders wichtig, wobei Kündigungsfrist und Verzinsung festzusetzen sind. Die Kündigungsfrist muß den Ausleihungsbedingungen und der Liquidität angepaßt sein. Wenn ein Verein beispielsweise auf 6 Monate seine Gelder ausleiht, dann darf er nicht einen erheblichen Teil der aufgenommenen fremden Gelder mit kurzer Rückzahlungsfrist aufnehmen. Die Verzinsung muß sich einerseits nach dem zeitgemäßen Zinsfuße, anderseits nach den sonstigen Verhältnissen des Vereins richten. Verschiedentlich trifft man in Vereinen gänzlich veraltete Sparordnungen an, mitunter sind für die Annahme von Spareinlagen gar keine Bedingungen festgesetzt, so daß sich der Vorstand über die Rückzahlungsfristen selbst nicht im klaren ist. Ähnlich verhält es sich mit den Schuldscheinanleihen. Fragt man nach den Rückzahlungsbedingungen, dann erhält man vom Vorstande in der Regel die Antwort, daß der Verein die Gelder ohne Beobachtung einer Kündigungsfrist zurückzahle. Dieses Verfahren ist bei normalen Verhältnissen durchführbar und auch angebracht. Indes ist es notwendig, gerade in guten Zeiten Vorsorge für die Zukunft zu treffen, indem entsprechende Kündigungsfristen ausbedungen werden, auf deren Einhaltung der Verein im Falle einer Krisis bestehen kann. Es ist allerdings zunächst Aufgabe des Vorstandes, für die Aufrechterhaltung der Liquidität zu sorgen. Pflicht des Aufsichtsrates ist es aber, sich auch nach dieser Richtung hin zu vergewissern, daß die Einrichtungen den Geschäfts- und Zeitverhältnissen entsprechen. Ist dies nicht der Fall, dann muß der Aufsichtsrat den Vorstand mit Vorbereitung der Angelegenheit beauftragen oder nötigenfalls selbst die Initiative ergreifen.

Für die Vorschußkredite sind in den Bedingungen die regelmäßigen Abzahlungen, Form und Erneuerung der Urkunden (Wechsel, Schuldscheine) grundsätzlich festzusetzen. Bei den

Diskontkrediten haben sich die Vorschriften auf die Laufzeit, Anzahl der Unterschriften, sowie sonstige Bestimmungen (Ausschluß von Tratten, Benachrichtigung der Bezogenen bei Domizilen) zu erstrecken. Für das Kontokorrentgeschäft ist es wichtig, daß die Bedingungen, welche für diesen Verkehr festgesetzt sind, von den Kontoinhabern unterschriftlich anerkannt werden. Des weiteren sei hier gedacht an die bereits erwähnten Lombardbedingungen, Depotordnung, Bestimmungen über Scheckverkehr usw. Es würde zu weit führen, auf alle Einzelheiten hier näher einzugehen, zumal da es in erster Linie dem Vorstande obliegt, die verschiedenen Geschäftsordnungen auszuarbeiten. Der Aufsichtsrat hat dagegen die Pflicht, darüber zu wachen, daß die nach dem Statut oder den Geschäftsanweisungen vorgesehenen Spezialvorschriften für die einzelnen Geschäftszweige erlassen werden. Er findet dafür genügend Material in der genossenschaftlichen Literatur, es sei in dieser Beziehung nur hingewiesen auf die in dem Anhange des grundlegenden Werkes von Schulze-Delitzsch-Crüger „Vorschuß- und Kreditvereine als Volksbanken" enthaltenen Formulare. Durch einen Vergleich derselben mit den Urkunden und Geschäftsordnungen, welche bei dem von ihm vertretenen Verein im Gebrauch sind, kann er sich überzeugen, wo eine Änderung notwendig ist.

Bibliothek.

Bei dieser Gelegenheit möchte ich nicht unerwähnt lassen, daß ich es für eine dringende Notwendigkeit halte, daß sich jeder Verein die für ihn wichtigen genossenschaftlichen Schriften anschafft und dieselben auch dem Aufsichtsrat zu seiner Information zur Verfügung stellt. Es kommt leider vor, daß bei manchen Vereinen nicht einmal ein Genossenschaftsgesetz vorhanden ist. Die Ausgabe ist selbst für den kleinsten Verein so verschwindend, daß sie gar nicht ins Gewicht fallen kann. Dieser Mangel ist vielmehr lediglich auf Nachlässigkeit zurückzuführen. Ich erachte es für eine Pflicht des Aufsichtsrates, daß er auch hierauf sein Augenmerk richtet und den Vorstand veranlaßt, diejenigen Werke anzuschaffen, welche für die Leitung und Überwachung eines Vereins von Nutzen sein können. In erster Linie ist dabei an die in dem Verlage von J. Guttentag erschienene „Handbibliothek für das deutsche Genossenschaftswesen", Herausgeber Anwalt Dr. Crüger, zu denken. Aber auch die verschiedenen Gesetze, z. B. Handelsgesetzbuch, Wechselordnung, Depotgesetz, Stempelsteuergesetz, Scheckgesetz und sonstige Vorschriften sollten in keinem Verein mit entsprechendem Geschäftsverkehr fehlen. Hierfür ist die handliche Guttentagsche Sammlung Deutscher Reichs- und Preußischer Gesetze zu empfehlen.

III. Revisionstätigkeit.

Nachdem im vorstehenden die Tätigkeit des Aufsichtsrates besprochen worden ist, soweit sie sich auf die Vertretung der Mitglieder dem Vorstande gegenüber und Mitwirkung bei Erledigung der Geschäfte bezieht, komme ich nunmehr zur Besprechung über die Ausübung der Überwachungspflicht, also der Revisionstätigkeit. Gerade nach dieser Richtung fehlt es vielfach an sachgemäßer Behandlung und Belehrung, denn selbst die besten Einrichtungen bieten keine Gewähr für ordnungsmäßige Handhabung, wenn sie nicht entsprechend kontrolliert werden. Deshalb soll hier eine Anleitung gegeben werden, wie das gesamte Geschäft in zweckmäßiger Weise einer durchgreifenden Revision zu unterziehen ist.

Für die Ausführung der Revisionen sind dem Aufsichtsrate in der Geschäftsanweisung gewöhnlich bestimmte Anhaltspunkte gegeben, nach denen sich ein System für Vornahme der Revision zusammenstellen läßt, denn es ist unzweckmäßig, die Revisionen planlos auszuführen. Dadurch könnte ein Geschäftszweig öfter revidiert werden, während ein anderer Teil des Geschäftes vernachlässigt wird. Zu einer alles umfassenden Revision gehört ein bestimmter Plan, womit natürlich nicht dem schematischen Revidieren das Wort geredet werden soll. Im Gegenteil muß unbedingt darauf gesehen werden, daß die Revisionen nicht einseitig vorgenommen werden. Denn wenn der Vorstand genau das Verfahren kennt, welches der Aufsichtsrat bei seinen Revisionen anwendet, dann erkennt er auch bald seine Mängel und ist in der Lage, daraus für etwaige Unregelmäßigkeiten Nutzen zu ziehen. Wenn ich also einen Plan für die Vornahme der Revisionen für notwendig halte, so ist damit gemeint, daß sich der Aufsichtsrat im voraus klar sein muß, wie er die Revisionstätigkeit ausüben will.

Wie bereits erwähnt, ist ein einzelnes Mitglied des Aufsichtsrates nicht befugt, nach Belieben selbständig Revisionen vorzunehmen. Dazu gehört vielmehr ein Beschluß des gesamten Aufsichtsrates. Deshalb ist der Vorstand berechtigt, einem oder mehreren Aufsichtsratsmitgliedern die Vornahme einer Revision zu verweigern, wenn sie sich nicht über einen Auftrag des Aufsichtsrates hierzu ausweisen können. Das ist an sich auch berechtigt, damit nicht ein Mitglied des Aufsichtsrates jederzeit Einblick in die Geschäftsverhältnisse nehmen kann, um dabei vielleicht persönliche Interessen zu verfolgen. Deshalb ist es notwendig, daß die Vornahme von Revisionen vom Aufsichtsrat beschlossen wird. Geschieht diese Beschlußfassung von Fall zu Fall, dann liegt die Gefahr nahe, daß der Vorstand von einer bevorstehenden Revision durch Zufall oder Indiskretion Kenntnis erhält und danach seine Maßnahmen treffen kann, wodurch der Erfolg der Revision vermindert, wenn nicht illusorisch gemacht werden könnte. Es hat auch seine Bedenken, nur eine Person ständig mit Vornahme der Revisionen zu beauftragen, weil dadurch eine Einseitigkeit und vielleicht auch sogar ein Mangel an Objektivität eintreten könnte. Mir ist ein Fall bekannt, wo — angeblich im Interesse der Diskretion — dem Vorsitzenden des Aufsichtsrates allein das Recht übertragen war, die Diskontgeschäfte zu prüfen. Eine Besprechung der gemachten Geschäfte erfolgte nur dann, wenn nach Ansicht des Vorsitzenden etwas zu beanstanden war. Dabei darf nicht unerwähnt bleiben, daß gerade der Vorsitzende ein gleichartiges Fabrikationsgeschäft betrieb, wie eine Anzahl der übrigen Mitglieder und daß der Kundenkreis dieses Fabrikationszweiges nach Lage der Verhältnisse besondere Diskretion erforderte. Aus der Einsichtnahme der Geschäftswechsel läßt sich aber viel für den Kundenkreis der betr. Mitglieder entnehmen. Dieses Verfahren ist durchaus nicht zu billigen. Abgesehen davon, daß es geeignet ist, die Genossenschaft in ihrem Geschäftsverkehr direkt zu schädigen, legt der Aufsichtsrat damit ein wichtiges Amt in die Hände eines Mitgliedes und bleibt doch für die gesamten Geschäfte verantwortlich. Zudem ist die Begründung für die übrigen Aufsichtsratsmitglieder wenig schmeichelhaft, denn die Diskretion bildet eine der wichtigsten Grundlagen der ganzen Genossenschaftsorganisation. Deshalb ist jedes neueintretende Aufsichtsratsmitglied vom Vorsitzenden gleich in der ersten Sitzung darauf hinzuweisen und durch Handschlag auf Verschwiegenheit zu verpflichten. In Fällen, wo Konkurrenzrücksichten zu nehmen sind, sollten die beteiligten Aufsichtsratsmitglieder freiwillig von der Revision der sie berührenden Gegenstände zurückstehen.

Revisionskommissionen.

Am zweckmäßigsten geht der Aufsichtsrat zu Werke, wenn er zur Vornahme der Revision eine besondere Kommission, oder nach Befinden auch mehrere Kommissionen wählt und diesen die zweckmäßige Ausführung überläßt. Die Revisionskommission fungiert als Organ des Aufsichtsrates. Sie ist zum Zwecke der Revision gewählt und kann zur Erfüllung dieser Aufgabe die ihr geeignet erscheinenden Revisionen nach Belieben vornehmen. Die einzelnen Mitglieder der Kommission sind ihrerseits allerdings an die Kommissionsbeschlüsse gebunden.

Die Vornahme der Revisionen durch eine Kommission möchte ich allen Vereinen empfehlen. Denn auch in Vereinen mit geringem Geschäftsumfange haben sich die durch eine Kommission vorgenommenen Revisionen nach meiner Erfahrung als wirkungsvoller erwiesen, wie diejenigen Revisionen, welche der Aufsichtsrat direkt beschließt und vornimmt. Bei größeren Vereinen macht sich die Wahl einer Kommission und eventuell Verteilung der Arbeit in mehrere Kommissionen durch den Umfang der Arbeit und die Notwendigkeit größerer Sachkenntnis schon von selbst notwendig. In die Kommission, welche zweckmäßig aus 3 Mitgliedern besteht, werden zunächst diejenigen Personen gewählt, welche die beste Geschäftskenntnis besitzen und dadurch in der Lage sind, die

Revisionen sachgemäß vorzunehmen. Um auch die übrigen Aufsichtsratsmitglieder allmählich mit dem Revisionswesen vertraut zu machen, ist es zweckmäßig, jährlich das am längsten amtierende Mitglied der Kommission ausscheiden zu lassen und an dessen Stelle ein anderes Mitglied des Aufsichtsrates in die Kommission zu wählen, so daß im Laufe der Zeit jedes Aufsichtsratsmitglied Gelegenheit hat, sich an der Revision zu beteiligen. Dadurch ist die Gewähr gegeben, daß bei Beurteilung der zur Kenntnis der Kommission kommenden Geschäftsverhältnisse objektiv verfahren wird und daß die sachgemäße Ausführung der Revision auch im Falle des Versagens einzelner Mitglieder keine Unterbrechung erleidet.

Für die Vornahme der Revisionen, sei es, daß dieselben durch eine Kommission oder durch den Aufsichtsrat direkt vorgenommen werden, sind unter Berücksichtigung der im Statute und in der Geschäftsanweisung festgelegten Grundsätze besondere Bestimmungen aufzustellen. Dieselben können sich indes auch nur auf die Festlegung der Form beschränken, während die Ausführung selbst, der wichtigste Punkt, dem Ermessen der Revisoren anheimgestellt bleibt.

Im Interesse des Erfolges der Revision liegt es, daß der Vorstand nicht im voraus über Zeit und Gegenstand der Revision unterrichtet ist. Da aber nicht bei allen Teilen der Geschäftsführung eine vorübergehende Verdeckung von Unregelmäßigkeiten zu befürchten ist, z. B. bei Führung der Mitgliederliste und der darauf bezüglichen Anmeldungen, Prüfung der Rohbilanz, wie der Buchführung im allgemeinen, so ist es zweckmäßig, hierfür regelmäßige Revisionen anzusetzen, für welche das Material auf Wunsch vom Vorstande vorzubereiten ist. Daneben müssen aber außerordentliche Revisionen abgehalten werden, welche dem Vorstande nicht vorher angemeldet werden dürfen. Diese unvermuteten Revisionen haben sich hauptsächlich auf Prüfung der greifbaren Werte (Kasse, Wertpapiere, Wechsel) zu erstrecken, es ist aber zweckmäßig, auch die übrigen Gegenstände, welche bei den regelmäßigen Revisionen eingehender geprüft werden, abwechselnd stichprobenweise auf ihre Ordnungsmäßigkeit zu untersuchen. Dadurch gewinnen die Revisoren die Gewißheit, daß diese Teile der Geschäftsführung auch in der Zwischenzeit in Ordnung gehalten werden.

Die ordentlichen oder regelmäßigen Revisionen — im Gegensatz zu den außerordentlichen, unvermuteten — können je nach dem Umfange des Geschäftes monatlich oder vierteljährlich vorgenommen werden, doch ist eine monatliche Revision mit Abwechselung des Prüfungsmaterials zu empfehlen, weil sich in jedem Verein innerhalb eines Monats genügend Revisionsstoff ansammelt. Dazu gehört in erster Linie die Prüfung des Rechnungswesens, welche am besten an der Hand der bereits erwähnten Rohbilanz geschieht.

Prüfung des Rechnungswesens.

Bei der Prüfung des Rechnungswesens ist zunächst festzustellen, ob die bücherlichen Einrichtungen dem Umfange und der Eigenart des Geschäftes entsprechen. In jedem Verein sollte heut die doppelte Buchführung durchgeführt sein, was unter Benutzung des Rubrikensystems selbst bei den kleinsten Vereinen in ganz zweckmäßiger Weise geschehen kann. Die sog. italienische Buchführung, welche viel Schreibwerk erfordert und für Laien schwer verständlich ist, ist allmählich durch das praktischere und auch für den Nichtkaufmann leichter faßliche amerikanische (Rubriken-) System verdrängt worden, welches auch für umfangreiche Geschäftsbetriebe zweckmäßig ausgestaltet werden kann. Das Wesen der doppelten Buchführung besteht — kurz gefaßt — darin, daß der Saldo der Bilanz (der Überschuß der Aktiva über die Passiva oder umgekehrt) durch die Gewinn- und Verlustberechnung nachgewiesen wird. Die Form, in welcher dies geschieht, ist dabei nicht von ausschlaggebender Bedeutung, vielmehr kann der Zweck durch eine ganz einfache Zusammenstellung der Einnahmen und Ausgaben erreicht werden. Ich halte es sogar für durchaus erwünscht, wenn die Buchführung so übersichtlich wie möglich und für die Aufsichtsratsmitglieder verständlich gehandhabt wird. Mitunter wendet der Vorstand ein kompliziertes Verfahren an, nur um die Übersicht zu erschweren. Wenn dem Aufsichtsrat einzelne

Buchungsverfahren nicht klar sind, dann soll er sich nicht scheuen, den Verbandsrevisor oder einen sonstigen Sachverständigen um Auskunft zu fragen. Darin liegt durchaus kein Armutszeugnis, denn niemand erwartet beispielsweise von einem Handwerker ohne weiteres, daß er mit den Finessen der doppelten italienischen Buchführung vertraut ist.

Rohbilanz.

Ohne doppelte Buchführung ist die Aufstellung von Rohbilanzen nach den Büchern nur mit großer Schwierigkeit möglich. Da ich aber die Aufstellung von Rohbilanzen für die Beurteilung des Status innerhalb des Jahres für durchaus notwendig halte, so erachte ich es auch als eine Notwendigkeit, daß entweder für die Hauptkonten sog. „tote Konten" geführt werden oder daß die Einnahmen und Ausgaben sofort oder monatsweise nach den Hauptkonten geordnet werden. Die Rohbilanz erhält man durch Hinzufügung der monatlichen Umsätze zu den Salden des Vormonats und Berechnung des neuen Saldos. Zur Erläuterung diene folgendes einfache Beispiel:

Bilanz am 1. Januar

Aktiva		Passiva	
Kassenbestand . .	437 Mk.	Geschäftsguthaben	20524 Mk.
Vorschußbestand .	59890 „	Reservefond . .	8218 „
Wechselbestand .	80500 „	Spareinlagen . .	111889 „
Restzinsen . . .	829 „	Vorerhobene Zinsen	1025 „
	141656 Mk.		141656 Mk.

Umsätze pro Januar

Einnahme		Ausgabe
10250 Mk.	Vorschüsse	13800 Mk.
25718 „	Wechsel	20120 „
10012 „	Spareinlagen	11500 „
520 „	Zinsen	80 „
	Verwaltungskosten	300 „
46500 Mk.		45800 Mk.

Die Rohbilanz stellt sich wie folgt:

Kasse:	Bestand am 1. Januar		437 Mk.
	+ Einnahme		46500 „
			46937 Mk.
	— Ausgabe		45800 „
	Bestand am 31. Januar		1137 Mk.
Vorschüsse:	Bestand am 1. Januar		59890 Mk.
	+ Ausgabe		13800 „
			73690 Mk.
	— Einnahme		10250 „
	Bestand am 31. Januar		63440 Mk.
Wechsel:	Bestand am 1. Januar		80500 Mk.
	+ Ausgabe		20120 „
			100620 Mk.
	— Einnahme		25718 „
	Bestand am 31. Januar		74902 Mk.
Spareinlagen:	Bestand am 1. Januar		111889 Mk.
	+ Einnahme		10012 „
			121901 Mk.
	— Ausgabe		11500 „
	Bestand am 31. Januar		110401 Mk.
Zinsen:	Vorerhobene		1025 Mk.
	+ Einnahme		520 „
			1545 Mk.
	— Rückständige	829 Mk.	
	Ausgabe	80 „	909 Mk.
	Saldo Passiv		636 Mk.
Verwaltungskosten:	Ausgabe		300 Mk.

Rohbilanz am 31. Januar:

Aktiva		Passiva	
Kasse	1137 Mk.	Geschäftsguthaben	20524 Mk.
Vorschüsse . .	63440 „	Reservefond . .	8218 „
Wechsel . . .	74902 „	Spareinlagen .	110401 „
Verwaltungskosten	300 „	Zinsen	636 „
	139779 Mk.		139779 Mk.

Für die monatlichen Rohbilanzen läßt man sich zweckmäßig ein Buch anfertigen mit Vordruck der bei dem Verein geführten Hauptkonten, wobei für etwa hinzukommende neue Konten am Schlusse etwas Raum zu lassen ist. Das Formular ist ungefähr folgendermaßen aufzustellen:

Rohbilanz für Monat................................19.....

Konto	Umsätze				Saldo			
	Soll		Haben		Soll		Haben	
1. Kassakonto	46500	—	45800	—	1137	—	—	—
2. Vorschußkonto	13800	—	10250	—	63440	—	—	—
3. Wechselkonto	20120	—	25718	—	74902	—	—	—
4. Geschäftsguthaben . . .	—	—	—	—	—	—	20524	—
5. Reservefond .	—	—	—	—	—	—	8218	—
6. Spareinlagekonto . . .	11500	—	10012	—	—	—	110401	—
7. Zinsenkonto .	80	—	520	—	—	—	636	—
8. Verwaltungskosten . . .	300	—	—	—	300	—	—	—
9. —	—	—	—	—	—	—	—	—
	92300	—	92300	—	139779	—	139779	—

Durch die regelmäßige Vorlegung monatlicher Rohbilanzen ist dem Aufsichtsrate eine gute Unterlage für die Prüfung der Buchführung und auch der Bestände gegeben. Zunächst ist es aber notwendig, die Richtigkeit der Rohbilanz selbst festzustellen, indem die Zahlen, welche für die Aufstellung der Rohbilanz gedient haben, mit den in den Büchern enthaltenen Grundzahlen verglichen werden, worauf die technische Zusammenstellung der Rohbilanz, also die verschiedenen Additionen und Subtraktionen, auf ihre Richtigkeit geprüft werden. Falls ein Hauptbuch für die „toten Konten" geführt wird, also für diejenigen Konten, welche in den Grundbüchern als Hauptkonten behandelt werden, dann ist die Übertragung der Monatssummen aus den Grundbüchern in das Hauptbuch und die richtige Saldierung der einzelnen Konten zu prüfen. Durch Gegenüberstellung der einzelnen Monatsbilanzen bemerkt man leicht jede auffällige Veränderung eines Kontos und kann derselben auf den Grund gehen.

Mit der vorbezeichneten Prüfung der Rohbilanz ist jedoch noch keinerlei Garantie gegeben, daß die Grundbuchungen an sich in Ordnung sind, vielmehr gehört dazu ein spezielles Eingehen auf die einzelnen Buchungen und die dazugehörigen Belege.

Grundbuchungen.

Während ohne großen Zeitaufwand die Übertragungen der Monatssummen aus den Grundbüchern in das Hauptbuch und die Aufstellung der Rohbilanz in allen einzelnen Posten verglichen werden kann, ist die Vergleichung der sämtlichen Grundbuchungen meistens nicht möglich. Die Revisoren können sich hierbei auch je nach dem Umfange des Geschäftes und den Bestimmungen der Geschäftsanweisung auf „Stichproben" beschränken, d. h. es werden nicht alle Einzelposten verglichen, sondern in zwangloser Reihenfolge wird aus dem Ganzen eine größere Anzahl von Buchungen herausgegriffen. Mit diesem Verfahren wird mitunter Mißbrauch getrieben insofern, als einzelne Aufsichtsratsmitglieder die stichprobenweise Prüfung mehr als Formsache betrachten und glauben, ihre Pflicht erfüllt zu haben, wenn sie aus einem umfangreichen Material ganz vereinzelte Buchungen zur Prüfung herausgreifen.

Das genügt nicht, vielmehr muß der Revidierende durch seine Arbeit die volle Überzeugung gewonnen haben, daß das revidierte Material auch wirklich in Ordnung ist. Das kann er aber nur auf Grund zahlreicher Vergleiche, die in einem angemessenen Verhältnis zu den Gesamtbuchungen stehen. Darüber, was hierunter zu verstehen ist, gehen die Ansichten auseinander. Mitunter ist in den Geschäftsanweisungen ein bestimmter Prozentsatz als Anhalt gegeben, der natürlich dann eingehalten werden muß. Wo eine solche Festsetzung nicht besteht, muß die Beurteilung den Revisoren überlassen bleiben. Am zweckmäßigsten werden die Stichproben in der Weise vorgenommen, daß eine Anzahl von fortlaufenden Posten geprüft wird, dann werden in zwangloser Reihenfolge vereinzelte Posten verglichen, worauf wieder eine fortlaufende Vergleichung erfolgt usf. Dabei stößt man nach meiner Erfahrung eher auf Unregelmäßigkeiten, wie bei dem ganz willkürlichen Herausgreifen von Einzelposten.

Belege.

Bei Prüfung der Bücher sind stets die Additionen in ausreichender Weise zu prüfen. Nächstdem ist die Prüfung der Einzelbuchungen auf ihre Grundlagen und die richtige Übertragung in die Personalkonten oder sonstigen Nebenbücher zu prüfen. Die Belege bilden eine sehr wichtige Grundlage für die Prüfung, weshalb auf deren geordnete Aufbewahrung zu achten ist. Zu den Nachweisen gehören in erster Linie die Kassenbelege. Alle Kassenausgaben, auch Gehaltszahlungen und Geschäftskosten, müssen ordnungsmäßig durch Quittungen, Wechsel, Schuldurkunden oder sonstige Belege nachgewiesen sein. Deshalb ist es notwendig, daß auch in Fällen, wo den Geschäftsfreunden die erfolgten Zahlungen in Gegenbücher eingetragen werden, also z. B. Auszahlungen von Spareinlagen und Kontokorrentzahlungen, Quittungen verlangt werden, damit bereits im Laufe des Jahres eine Prüfung nach dieser Richtung möglich ist. Denn die Eintragungen in die Gegenbücher sind zwar für die Geschäftsfreunde Nachweisungen, die Genossenschaft bedarf aber bei ihren Belegen ebenfalls der Nachweise, welche, abgesehen von der Prüfung des Rechnungswesens, auch als Belege bei etwa abweichenden Eintragungen oder Fälschungen von Wichtigkeit sind. Wünschenswert ist es aus dem gleichen Grunde, daß auch für die Einnahmen Belege ausgeschrieben werden. Diese Einrichtung hat sich namentlich bei Vereinen mit ausgedehntem Kassenverkehr als wirksam erwiesen zur Aufklärung etwaiger Differenzen in der Kassenführung. Überall da, wo nicht für alle Einnahmen und Ausgaben Belege vorhanden sind, ist es notwendig, daß der Aufsichtsrat bei Prüfung der Jahresrechnung hierauf besondere Aufmerksamkeit verwendet, indem er möglichst die in den Händen der Mitglieder und Gläubiger befindlichen Gegenbücher einfordern läßt und mit den Personalkonten vergleicht, wobei auch auf die Übereinstimmung der Zahlungsdaten zu achten ist. Die Kassenbelege sind am besten arithmetisch nach der Zeitfolge zu ordnen, soweit nicht Urkunden (Wechsel usw.) in Frage kommen, welche bei den Werten aufzubewahren sind.

Korrespondenz.

Zu der Prüfung der Buchungsunterlagen gehört auch eine weitgehende Einsichtnahme der Korrespondenz. Nach § 38 HGB. muß von jedem Schriftstück eine Abschrift oder Kopie zurückbehalten werden. Der Aufsichtsrat hat sich daher zu überzeugen, daß dieser Vorschrift genügt wird, indem er an Hand der eingegangenen Briefe die erteilten Antworten und etwa notwendig gewordenen Buchungen prüft. Die Korrespondenz muß so geordnet sein, daß ein schnelles Auffinden der betr. Briefe möglich ist. Die eingegangenen Briefe sind daher alphabetisch zu ordnen. Ist ein Kopierbuch vorhanden, dann ist dasselbe zu registrieren, damit die einzelnen Briefe sofort auffindbar sind. Da nach § 44 HGB. alle Bücher und Schriften 10 Jahre lang aufzubewahren sind, so hat sich der Aufsichtsrat zu überzeugen, daß dieser Vorschrift Rechnung getragen ist. Er darf es nicht billigen, daß Briefe achtlos umhergeworfen oder wohl gar vernichtet werden. Ganz besonders ist die sorgfältige Aufbewahrung und Ordnung aller Schriften zu beachten, welche sich auf den Bankverkehr beziehen. Denn aus dieser Korrespondenz läßt sich mancherlei ersehen, was aus den Büchern nicht hervorgeht, z. B. Mahnungen wegen Rückzahlung des in Anspruch genommenen Kredits, Reklamationen wegen nicht erfolgter Gutschrift von Inkassowechseln usw. Der Verkehr mit der Großbank läßt in der Regel einen Schluß auf die Geschäftsführung des Vorstandes überhaupt zu. Denn da, wo Unregelmäßigkeiten vorliegen, ist meist auch das Geld knapp und dieser Zustand findet seinen Ausdruck in dem Verkehr mit der Großbank, indem zunächst der Kredit über Gebühr in Anspruch genommen wird und die Erledigung der eingegangenen Verpflichtungen nicht prompt erfolgt. Nach alledem verdient die Prüfung des Bankverkehrs wie überhaupt aller Transaktionen besondere Beachtung, welche nicht die Kasse betreffen, deren ordnungsmäßige Prüfung innerhalb des Jahres nur an der Hand der sorgfältig geordneten Korrespondenz möglich ist, falls nicht Auszüge vorhanden sind. Die Banken erteilen halbjährlich — einzelne vierteljährlich — Kontoauszüge. Die Vorlegung derselben muß von den Revisoren verlangt werden, weil danach die Richtigkeit der Buchungen am besten zu prüfen ist. Die Genossenschaftsabteilungen der Dresdner Bank erteilen monatliche Auszüge. Sollten nach Angabe des Vorstandes in einzelnen Fällen keine Auszüge vorhanden sein, dann muß die Bank um Erteilung derselben ersucht werden. Auf ein solches Ersuchen erfolgt stets mindestens eine umgehende Antwort. Ich halte es für notwendig, auf diesen für einen Fachmann selbstverständlichen Punkt etwas näher einzugehen, weil erfahrungsgemäß etwaige Unregelmäßigkeiten weniger in der direkten Kassenführung, als vielmehr im Bankverkehr vorkommen. Für diejenigen Posten, welche nicht die Kasse berühren, wird in der Regel ein besonderes Journal oder Memorial geführt, welches mitunter Millionenumsätze der verschiedensten Art enthält, während der bare Kassenumsatz im Verhältnis dazu nur minimal ist. Es ist wiederholt vorgekommen, daß in einzelnen Vereinen der Aufsichtsrat jeden Posten des Kassenbuches sorgfältig geprüft hat, wohingegen die Transaktionen, die von Konto zu Konto und von Bank zu Bank stattfanden, vollständig außer acht gelassen wurden. Zum großen Teil ist es die Unkenntnis, welche den Aufsichtsrat veranlaßt, sich von der

Revision von Punkten fernzuhalten, die er nicht übersehen kann. Diese Scheu führte bei einem ländlichen Verein gelegentlich so weit, daß man jeden Kaufmann aus dem Vorstande fern hielt, weil man sich vor dessen Geschäftsgewandtheit fürchtete! Das ist natürlich ganz verkehrt, vielmehr muß sich der Aufsichtsrat bemühen, in das Rechnungswerk einzudringen, wozu ihm Hilfsmittel genügend, namentlich durch die Revisionsverbände zur Verfügung stehen.

Wie also der Bankverkehr an der Hand der etwaigen Auszüge und vorhandenen Briefe zu prüfen ist, so müssen in gleicher Weise die übrigen Posten, welche im Journal verbucht sind, auf ihre Grundlagen geprüft werden. Es handelt sich dabei im wesentlichen um Kontokorrentbuchungen, Überweisungen, Gutschriften von Wechseln, Belastung von Inkassowechseln usw.

Bei Prüfung der Buchungen nach den Belegen ist gleichzeitig eine Kontrolle auf die richtige Buchung und Berechnung der vereinnahmten bzw. verausgabten Zinsen und Provisionen vorzunehmen. So z. B. ist bei denjenigen Vereinen, welche Fristengeschäfte (Güterzieler) machen, festzustellen, ob die Provisionen nach den festgesetzten Bedingungen vereinnahmt sind. Bei Diskont- und Vorschußgeschäften muß beachtet werden, daß der berechnete Zinsfuß den getroffenen Vereinbarungen entspricht.

Uebertragungen.

Nachdem die Richtigkeit und Vollständigkeit der Grundbuchungen in dieser Weise genügend festgestellt ist, folgt die Kontrolle der richtigen Übertragung in die Personalkonten. Zu den letzteren gehören die Konten laufender Rechnung, Scheckkonten, Spareinlagekonten, Vorschußkonten, Geschäftsguthaben, sowie alle sonstigen bei dem Verein geführten Nebenbücher, sogenannt im Gegensatz zu den bereits erörterten Grundbüchern und dem Hauptbuche. Es ist also stichprobenweise zu vergleichen, ob die einzelnen Grundbuchungen richtig in die Konten übertragen sind. Falls noch besondere Hilfsbücher geführt werden, so sind auch diese hierbei in die Kontrolle einzubeziehen. So wird bei vielen Vereinen für die Einzahlungen zum Geschäftsanteil ein Hilfsregister geführt, aus welchem die Einnahmen in bestimmten Zwischenräumen, meist monatlich in die Kasse summarisch übertragen werden. In diesem Falle ist darauf zu achten, daß die Übertragungen richtig erfolgen und daß auch die Übertragung der Einzelposten auf die Personalkonten richtig geschieht, wenn neben der Hilfsliste solche vorhanden sind.

Erst wenn auf diese Weise die Grundlage der Buchführung geprüft ist, haben die Revisoren die Gewißheit, daß die Ergebnisse richtig sind und sie können nun an den zweiten Teil der Prüfung, nämlich Revision der Aktiva und Passiva herantreten. Eins ohne das andere ist unvollständig. Ebenso wenig wie es zum Zwecke einer durchgreifenden Revision genügt, die Sollbestände buchmäßig festzustellen, ohne eine Revision der Effektivbestände vorzunehmen, so wenig genügt es, die Bestände zu revidieren, ohne sich zu überzeugen, ob dieselben mit dem Büchergebnis übereinstimmen.

Prüfung der Bestände.

Zur Feststellung des buchmäßigen Sollbestandes der einzelnen Werte gehört naturgemäß die Prüfung der gesamten Buchführung. Vielfach begnügt sich der Aufsichtsrat damit, einen öfteren Kassensturz vorzunehmen, und glaubt die Ordnungsmäßigkeit feststellen zu können, wenn sich der vorhandene Barbestand mit dem Saldo des Kassenbuches deckt. Der Umstand, daß sich bisweilen bei den Revisionen durch den Verbandsrevisor ganz andere Ergebnisse herausstellen, beweist, daß der Kassensturz allein keine Gewähr für die Ordnungsmäßigkeit der Geschäftsführung bietet. Wenn der Vorstand die Gepflogenheit der Revisoren kennt, dann kann er es leicht so einrichten, daß die bare Kasse immer mit den Büchern stimmt. Und gerade bei großen Unregelmäßigkeiten konnte man beobachten, daß der Aufsichtsrat bei seinen Kassenrevisionen selten nennenswerte Differenzen festzustellen hatte.

Es möge hier eingeschaltet werden, daß es natürlich nicht notwendig ist, die einzelnen Revisionshandlungen in der dargelegten Reihenfolge auszuführen. Die Arbeiten können unter einzelne Personen dergestalt verteilt werden, daß ein Mitglied beispielsweise den Kassenbestand oder sonstige Bestände aufnimmt, während die übrigen Revisionsmitglieder die Buchführung prüfen.

Die Prüfung der Aktiva und Passiva erfolgt am zweckmäßigsten und durchgreifendsten unter Zugrundelegung der Rohbilanz des letztvergangenen Monats. Unter Berücksichtigung der Umsätze des laufenden Monats bis zum Tage der Revision werden die Sollbestände der einzelnen Hauptkonten festgestellt und danach mit den vorhandenen Beständen verglichen. In kleineren Vereinen können bei solchen Revisionen die Bestände vollständig revidiert werden, während sich die Revisoren in größeren Verhältnissen auf Stichproben beschränken können und nur einzelne Gattungen, z. B. Kasse und Wertpapiere vollständig aufnehmen.

Kassenrevision.

Bei Vornahme des Kassensturzes ist zunächst zu beachten, ob etwa zu dem Ergebnis des Kassenbuches bzw. der Kassenbücher noch sonstige Einnahmen oder Ausgaben zu berücksichtigen sind. In der Praxis kommen in dieser Beziehung die mannigfachsten Methoden zur Anwendung, obgleich es wünschenswert wäre, die Kassenbuchungen so zu machen, daß der Buchsaldo ohne weiteres den wirklichen Sollbestand ergibt. Das ist aber, wie gesagt, nicht immer der Fall. Vielfach ist es z. B. gebräuchlich, die Dividenden in einer Summe nach der Generalversammlung in Ausgabe zu stellen, auch wenn die Verausgabung noch nicht vollständig erfolgt ist. Wenn das Geld gleichzeitig voll der Kasse entnommen ist, dann entsteht eine besondere Dividendenkasse, welche extra zu revidieren ist. Bleibt aber das rückständige Geld in der Hauptkasse, dann ist der bis zur Revision noch nicht ausgezahlte Dividendenbetrag dem Sollbestande der Kasse zuzuzählen. Die Feststellung erfolgt an der Hand der Dividendenliste, in welcher alle Auszahlungen entweder quittiert oder sonstwie nachgewiesen sein müssen. Dabei sind auch etwaige Reste früherer Jahre zu berücksichtigen.

Ein ähnliches Verfahren kommt mitunter bei den Zinszahlungen zur Anwendung, indem die auszuzahlenden Zinsen am Jahresschluß voll in Ausgabe gestellt werden, obgleich deren Auszahlung erst allmählich im neuen Jahre oder noch später erfolgt. Auch hier sind alle Reste zu berücksichtigen. Aber nicht nur Beträge, welche mit dem Bücherabschluß in Verbindung stehen, sondern auch laufende Einnahmen und Ausgaben werden mitunter erst in Spezialbücher eingetragen und später in das Kassenbuch übertragen. Die Einzahlungen zum Geschäftsanteil sind bereits erwähnt worden. Ähnlich werden mitunter Spareinlagen, Scheckeinnahmen und -ausgaben, sowie Zinsen behandelt. Die Vorstandsmitglieder gehen oft trotz wiederholter Empfehlungen von den von ihnen für praktisch gehaltenen Einrichtungen nicht ab, obgleich dadurch die Kassenübersicht erschwert wird und die Verbuchung über Dividendenkonto usw. dem Übelstande leicht abhelfen könnte. Die revidierenden Aufsichtsratsmitglieder müssen sich daher vergewissern, welche Beträge in Einnahme und Ausgabe außerhalb der eigentlichen Kassenbücher zu berücksichtigen sind, um den definitiven Sollbestand der Kasse festzustellen. Unter dem Kassenbestande werden mitunter alte Reste z. B. von verauslagten Gerichtskosten geführt, deren ordnungsmäßige Verbuchung oder Beitreibung der Aufsichtsrat stets veranlassen sollte.

Außer der Hauptkasse werden vielfach aus Gründen vereinfachter Buchung noch kleine Kassen für Porto, kleine Geschäftskostenausgaben usw. geführt. Die Revision dieser Nebenkassen liegt dem Vorstande ob, wenn mit deren Führung ein Beamter der Genossenschaft beauftragt ist. Immerhin hat sich auch hier der Aufsichtsrat gelegentlich zu überzeugen, ob diese Kassen ordnungsmäßig geführt und revidiert werden. Führt ein Vorstandsmitglied solche Nebenkassen selbst, so unterliegt deren Revision dem Aufsichtsrat, wie die Revision der Hauptkasse. Bei der Prüfung ist darauf zu achten, daß die Ausgaben aus der Hauptkasse richtig in die betr. Nebenkasse übernommen sind.

Wertpapiere.

Für die eigenen Wertpapiere ist stets ein genaues Verzeichnis zu führen, aus welchem der Bestand nach Nennwert, Gattung, Nummer genau zu ersehen ist. Kleine Vereine, welche keine Kommissionsgeschäfte machen, kommen mit diesem einfachen Verzeichnis aus, während bei größerem Umsatze in Wertpapieren die Führung eines besonderen Effektenskontros zu empfehlen ist, um die Übersicht über die einzelnen Geschäfte zu erleichtern. In diesem Falle ist der Sollbestand auf den einzelnen Konten des Skontros festzustellen. Nachdem sich die Revisoren überzeugt haben, daß in das Verzeichnis oder des Skontro alle bezüglichen Geschäfte aus den Grundbüchern (Kassabuch und Journal) eingetragen sind und daß auch die gebuchten Abgänge wirklich berechtigt sind, werden die vorhandenen Wertpapiere mit dem Verzeichnis oder dem Skontro der Reihe nach verglichen. Ergeben sich hierbei irgendwelche Abweichungen, sei es, daß einzelne Papiere bei der Bankverbindung ruhen oder aus anderen Gründen, so muß sich der Aufsichtsrat die Nachweise hierüber vorlegen lassen. Sodann sind die eigenen Anlagen nach den vorhandenen Vorschriften auf ihre Sicherheit hin zu prüfen. Wenn ein Verein Wertpapiere als Anlegung des Reservefonds erworben hat und es bestehen für deren Aufbewahrung besondere Vorschriften, so ist die Beachtung derselben zu prüfen. Es kann z. B. bestimmt werden, daß die Reservefondeffekten unter Mitverschluß des Aufsichtsrates zu nehmen sind. Zur Anlegung müßiger Kassenbestände sollen in der Regel nur mündelsichere Papiere erworben werden. Andere, besonders spekulative Werte sind zu beanstanden, wie überhaupt das Augenmerk darauf zu richten ist, daß der Vorstand keine Effektengeschäfte macht, welche über die Bestimmungen der Geschäftsanweisung und der Statuten hinausgehen. Hierauf muß von Anfang an scharf geachtet und eine etwaige Neigung des Vorstandes zu Spekulationsgeschäften, sei es auf Rechnung des Vereins oder auf eigene Rechnung, muß energisch unterdrückt werden.

Bei dieser Gelegenheit verdient auch die Schlußnotensammlung mit wenigen Worten Erwähnung. Die Effektengeschäfte sind nach den Bestimmungen des Reichsstempelgesetzes (Börsensteuergesetzes) stempelpflichtig und die für jedes Geschäft ausgestellten Schlußnoten sind 5 Jahre lang gesammelt aufzubewahren. Stempelfrei sind solche Geschäfte, welche in Kommission getätigt werden, für die der Verein also nur als Vermittler auftritt. In diesem Falle ist jedoch auf der steuerfreien Schlußnote der Vermerk zu machen, daß sich eine gestempelte Schlußnote unter Nr. . . über das gleiche Papier und den gleichen Preis im Besitze der Genossenschaft befindet. Die gestempelte Schlußnote wird mit dem Vermerk „in Kommission“ versehen. Der Aufsichtsrat hat die Pflicht, sich zu überzeugen, daß die Bestimmungen des Börsensteuergesetzes allenthalben beachtet sind und daß die Schlußnotensammlung in Ordnung ist. Bei Vereinen mit einem ausgedehnten Effektengeschäft sind die Vorstandsmitglieder in der Regel über die einschlägigen Bestimmungen orientiert, dagegen kommt es bei kleinen Vereinen, die nur ausnahmsweise derartige Geschäfte tätigen, vielleicht zur Begleichung eines Engagements veranlaßt werden, einzelne Wertpapiere für eigene Rechnung zu übernehmen, vor, daß aus Unkenntnis keine Schlußnoten für solche Geschäfte ausgestellt werden. Da aber die Steuerbehörde das Recht hat, die Genossenschaften auf die ordnungsmäßige Versteuerung der steuerpflichtigen Geschäfte zu revidieren und eine Unterlassung Strafen, mindestens sehr lästige Erhebungen nach sich zieht, so ist es notwendig, daß auch diesem Punkte Beachtung geschenkt wird. Die Beobachtung der gesetzlichen Bestimmungen ist allerdings Sache des Vorstandes und die Strafe trifft auch die Vorstandsmitglieder persönlich, immerhin liegt es im Interesse der Genossenschaft, daß der Aufsichtsrat die Beobachtung der gesetzlichen Vorschriften überwacht.

Depots.

Im engen Zusammenhange mit der Revision der eigenen Wertpapiere steht die Prüfung der von den Geschäftsfreunden eingelegten Werte, kurz Depots genannt. Dabei sind die Bestimmungen des Reichsdepotgesetzes vom 5. Juli 1896 zu beachten. Auch hierfür ist als das ausführende Organ in erster Linie der Vorstand verantwortlich. Durch pflichtwidrige Verletzung der geltenden Bestimmungen können aber direkte und schwere Schädigungen der Genossenschaft eintreten, weil in diesem Falle die Genossenschaft für Verfehlungen ihres Vorstandes verantwortlich ist. Wenn also ein Vorstand fremde Werte, die der Genossenschaft anvertraut worden sind, sei es zum Pfande oder nur zur Aufbewahrung, weiter verpfändet, ohne dazu berechtigt zu sein, so fällt jeder daraus entstehende Nachteil auf die Genossenschaft zurück und der Aufsichtsrat kann dafür verantwortlich gemacht werden, wenn ihm eine Vernachlässigung der ihm obliegenden Pflichten nachgewiesen wird. Deshalb ist es durchaus notwendig, daß sich der Aufsichtsrat über die Bestimmungen des Reichsdepotgesetzes unterrichtet und ihre Beobachtung überwacht.

Zunächst ist zu beachten, daß nach § 1 Ziff. 1 des genannten Gesetzes die fremden Werte getrennt von den eigenen Werten der Genossenschaft und von denen Dritter aufzubewahren sind. Dazu ist nicht notwendig, daß sie an einem besonderen Orte, vielleicht in einem eigenen Schranke untergebracht werden, sondern es muß nur äußerlich erkennbar sein, daß es sich um fremde Werte handelt. Das geschieht am einfachsten, indem man jede Einlage mit einer besonderen Hülle versieht und den Namen des Einlegers oder die Nummer des Depots unter Bezugnahme auf das Verzeichnis darauf schreibt.

Der zweite Teil des genannten § 1 schreibt vor, daß die Werte nach Nennwert, Gattung, Nummer und sonstigen Unterscheidungsmerkmalen in ein besonderes Verzeichnis einzutragen sind (Depotverzeichnis). Diese Bestimmung ist eigentlich selbstverständlich, nachdem sie aber infolge besonderer Vorkommnisse seinerzeit in das Gesetz aufgenommen worden ist, hat der Aufsichtsrat auf ihre Einhaltung zu achten und es kann schon ein Verschulden des Aufsichtsrates konstruiert werden, wenn das Depotverzeichnis nicht oder nicht ordnungsmäßig geführt ist. Das Verzeichnis an sich, dessen Vollständigkeit allerdings schwer zu prüfen ist, da die Korrespondenz nicht immer Aufschluß über die eingelegten Werte geben wird, bietet die Grundlage für die Prüfung des Aufsichtsrates auf das Vorhandensein der Depots. Jede Abweichung muß aufs genaueste nachgewiesen werden, weil für die Weiterbegebung oder Verpfändung von Depots die besondere Genehmigung des Hinterlegers notwendig ist. § 2 des Gesetzes schreibt sogar vor, daß eine solche Erklärung von Privatpersonen nur gültig ist, wenn sie für das einzelne Geschäft ausdrücklich und schriftlich abgegeben wird. Beim Verkehr mit Geschäftsfreunden, welche gewerbsmäßig Bankgeschäfte betreiben — das ist aber bei den genossenschaftlichen Kunden nur ausnahmsweise der Fall — genügt hierzu eine allgemeine Erklärung. Es folgt aber daraus, daß kein Papier weiter verpfändet werden darf, für welches nicht die Genehmigung des Einlegers hierzu gegeben ist. § 8 des Gesetzes vom 5. Juli 1896 schreibt nun weiter vor, daß der Kaufmann (wozu die Genossenschaft gehört), welchem im Betriebe seines Handelsgewerbes Werte der im § 1 bezeichneten Art (alle vertretbaren Wertpapiere mit Ausnahme von Banknoten und Papiergeld) zur Aufbewahrung oder zum Pfand übergeben sind, verpflichtet ist, demjenigen, dem er die Papiere gibt, mitzuteilen, daß es fremde seien. Der Dritte, der eine solche Mitteilung empfangen hat, kann an denselben nur insoweit ein Rückbehaltungsrecht geltend machen, als es in bezug auf diese Papiere entstanden ist. Aus diesem Grunde haben die großen Banken allgemein ein Depot „A“ und „B“ eingerichtet. Depot „A“ enthält diejenigen Wertpapiere, die von dem Geschäftsfreunde, in diesem Falle der Genossenschaft, nicht als fremde bezeichnet sind, welche also für die Schulden der Genossenschaft ohne weiteres haften, während Depot „B“ diejenigen Effekten enthält, welche als fremde bezeichnet sind und daher nur mit der gesetzlichen Beschränkung haften. Deshalb ist es von großer Wichtigkeit, daß der Aufsichtsrat sich überzeugt, ob bei der Weiterbegebung von Depots die gesetzlichen Bestimmungen eingehalten sind, denn die Strafbarkeit der Vorstandsmitglieder entbindet den Aufsichtsrat nicht von der finanziellen Verantwortlichkeit, die für ihn eventuell aus Nichtbeachtung der gegebenen Vorschriften entstehen kann. Im Verkehr mit der Großbank ist die Beurteilung nicht schwer. Alle in Depot „A“ liegenden Wertpapiere gelten der Bank gegenüber als „eigene“, für diese muß deshalb ausnahmslos die Genehmigung zur Weiterbegebung vorliegen, soweit nicht wirklich eigene Effekten der Genossenschaft in Frage kommen. Depot „B“ enthält diejenigen Papiere, welche der Bank gegenüber als fremde bezeichnet sind und daher nur für Forderungen haften, die bei deren Ankauf selbst entstanden sind. Solange die Effekten bei der Bank im Depot „B“ liegen, tritt keine Beleihung ein, es ist daher auch keine Erklärung zur Weiterverpfändung notwendig. Das Hauptaugenmerk ist deshalb auf Depot „A“ zu richten, denn in Wirklichkeit wird die gesetzliche Bestimmung vielfach zu leicht genommen, wobei allerdings die Unkenntnis mit den Vorschriften des Gesetzes eine große Rolle spielt. Falls Wertpapiere an anderer Stelle, wo die Unterscheidung im Depot „A“ und „B“ nicht durch die Geschäftsbedingungen gegeben ist, verpfändet sind, muß sich der Aufsichtsrat vergewissern, daß auch stets die Genehmigung zur Weiterverpfändung gegeben ist. Der Aufsichtsrat muß sich also über den Verbleib der Pfänder und die Berechtigung zur Weiterverpfändung genauen Aufschluß geben lassen.

Die Prüfung der Depots erfolgt an Hand des Verzeichnisses, nachdem die Vollständigkeit desselben, soweit dies nach den Büchern und der Korrespondenz möglich ist, festgestellt worden ist. Dabei sind die Nummern und sonstigen Unterscheidungsmerkmale der einzelnen Papiere mit dem Verzeichnis zu vergleichen. Außer der Feststellung des Vorhandenseins hat sich die Revision des Aufsichtsrats auch auf die Ordnungsmäßigkeit überhaupt zu erstrecken, wobei zu unterscheiden ist, ob die Depots nur zur Aufbewahrung oder als Pfand bei der Genossenschaft hinterlegt sind. In beiden Fällen hat der Vorstand die Pflicht, über die Depots mit der Sorgfalt eines ordentlichen Geschäftmannes zu wachen, er muß z. B. die Ausloosungen kontrollieren, das Inkasso der Kupons und Dividendenscheine veranlassen usw. Für jeden durch Vernachlässigung dieser Pflicht entstehenden Schaden haftet die Genossenschaft, wenn nicht in den Depotbedingungen hierfür besondere Vorbehalte gemacht sind. Deshalb hat der Aufsichtsrat auch hierauf sein Augenmerk zu richten.

Für diejenigen Werte, welche als Pfänder bei der Genossenschaft hinterlegt sind, ist darauf zu achten, daß sie der Genossenschaft auch ordnungsmäßig verpfändet sind. Durch die bloße Übergabe entsteht nicht ohne weiteres ein Pfandrecht, es muß vielmehr dabei die Absicht der Verpfändung bestimmt zum Ausdruck gebracht werden. Eine schriftliche Erklärung ist nicht gesetzlich vorgeschrieben, indes ist es stets erwünscht, eine solche zu verlangen, um bei Anfechtungen ein Beweismittel in Händen zu haben. In der Verpfändungserklärung muß zum Ausdruck gebracht sein, für welchen Kredit die Papiere haften sollen. Bei Inhaberpapieren genügt die Übergabe nebst Verpfändungserklärung, während bei Verpfändung von Werten, welche auf Namen ausgestellt sind, noch besondere Formalitäten zu erfüllen sind. Bei Namensaktien und -obligationen ist mindestens ein Blankogiro auf der Rückseite des Papiers erforderlich. Aber auch die Übertragung des Eigentumsrechtes kann an besondere Bedingungen durch Beschlüsse der betr. Gesellschaften geknüpft sein, worauf zu achten ist. Anders ist es mit der Beleihung von Schuldscheinen, Spareinlagebüchern und Lebensversicherungspolicen, weil diese nicht als vertretbare Wertpapiere, sondern nur als Urkunden über bestehende Forderungen anzusehen sind. Es handelt sich also hierbei nicht um Verpfändung von Wertpapieren, sondern von Forderungen. Eine solche Verpfändung ist nach § 1280 BGB. nur wirksam, wenn sie der Gläubiger dem Schuldner anzeigt. Außer der eigentlichen Verpfändungserklärung ist also hierbei noch die Anzeige an den Schuldner erforderlich, zu deren Abgabe sich die Genossenschaft von ihrem Geschäftsfreunde ermächtigen lassen kann. Außerdem ist es notwendig, daß das Intaktbleiben der Pfänder sorgfältig überwacht wird, dazu gehört z. B. die Beibringung der laufenden Quittungen für beliehene Lebensversicherungspolicen. Bei Depotwechseln, die in der Regel in der Form von Sichtwechseln gegeben werden, ist deren rechtzeitige Erneuerung zu beachten. Die Vorlegung hat nach Vorschrift der Wechselordnung innerhalb zweier Jahre von der Ausstellung an gerechnet zu erfolgen, wenn nicht im Wechseltext selbst eine längere Vorlegungsfrist angegeben ist.

Die Verpfändung von Hypotheken- und Grundschuldbriefen erfolgt nach den Bestimmungen der Grundbuchordnung. Um eine Eintragung der Verpfändung in das Grundbuch oder Hypothekenbuch bewirken zu können, ist es nötig, daß die Verpfändung entweder vor Gericht erfolgt oder notariell beglaubigt ist. Von Beobachtung dieser Form sollte in keinem Falle abgesehen werden und auch die Eintragung in das Grundbuch sollte stets erfolgen, wenn Grundstücke in Frage kommen, welche nicht in dem Gerichtsbezirke der Genossenschaft liegen, weil dabei die Gefahr vorliegt, daß die Genossenschaft von einer bevorstehenden Zwangsversteigerung keine Kenntnis erhält.

Bei allen diesen Transaktionen ist darauf zu achten, daß die in den verschiedenen Bundesstaaten geltenden Stempelsteuergesetze beachtet werden, dieselben sind so verschiedener Art, daß hier nicht näher auf die einzelnen Gesetze eingegangen werden kann. Die gleiche Beachtung verdient natürlich auch das Gesetz betr. Erhebung der Wechselstempelsteuer, da alle Verstöße hiergegen unangenehme und schwere Strafen nach sich ziehen.

Wechsel.

Zur vollständigen Prüfung der greifbaren Werte gehört die Revision der Wechsel und Schuldurkunden für Vorschuß- und Lombardkredite. Bei kleineren Vereinen, bei denen das Vorschuß- und Diskontgeschäft den Hauptteil des Geschäftsbetriebes ausmacht, für welche also auch diese Prüfung den wesentlichsten Teil der Revision darstellt, sollte der Aufsichtsrat stets den Bestand vollständig aufnehmen und die Aufnahme mit dem Sollbestande vergleichen, welchen er aus den Büchern unter Zugrundelegung der Rohbilanz des letzten Monats und Hinzufügung der Umsätze des laufenden Monats für den Augenblick der Revision erhalten hat. Meist sind die bücherlichen Einrichtungen schon so getroffen, daß eine Trennung der Vorschußaußenstände von den Diskontwechseln durchgeführt ist. In diesem Falle sind die beiden Gattungen getrennt aufzunehmen, während dies im anderen Falle wenig Zweck hat, weil die eigentliche Abstimmung mit dem bücherlichen Ergebnis summarisch erfolgen muß. Durch die Aufnahme der Bestände wird am besten festgestellt, ob sämtliche Wechsel und Schuldscheine vorhanden sind und der Aufsichtsrat erfährt am zuverlässigsten, ob etwa irgend welche Wechsel noch unerledigt sind. Gerade dieser Punkt bildet oft den Ursprung von Verlusten, indem mitunter die fälligen Wechsel nicht zum Protest gegeben oder die Proteste nicht nach gesetzlicher Vorschrift behandelt und eingeklagt werden. In dieser Kontrolle liegt eine außerordentlich wichtige Aufgabe des Aufsichtsrats, denn wenn der Vorstand nicht auf eine strikte

Ordnung im Wechselverkehr hält, reißt leicht eine allgemeine Unpünktlichkeit unter den Mitgliedern ein.

Bei einem umfangreicheren Geschäft, wo die vollständige Aufnahme der Wechselbestände während der Revision nicht gut durchzuführen ist, muß sich der Aufsichtsrat durch Vergleich mit den Hilfsbüchern überzeugen, ob die Wechsel sämtlich vorhanden und die fälligen Wechsel ordnungsmäßig bezahlt worden sind. Dies geschieht am besten an der Hand des Wechselkopierbuches, welches bei keinem Verein fehlen darf und Auskunft über den vorhandenen Bestand geben muß. In dieses Buch sind sämtliche Wechsel, die der Verein empfängt mit laufender Nummer einzutragen und bei jedem Wechsel ist dann der entsprechende Ausgangsvermerk nach den Grundbuchungen zu machen. Alle Wechsel, welche in dem Wechselkopierbuche noch offen sind, müssen daher vorhanden sein. Nachdem sich der Aufsichtsrat durch Vergleich mit den Grundbuchungen von der Richtigkeit und Vollständigkeit des Wechselkopierbuches überzeugt hat, läßt er sich stichprobenweise die in dem Wechselkopierbuche offenstehenden Wechsel vorlegen, wobei insbesondere den bereits fälligen Wechseln, welche noch nicht ausgetragen sind, Beachtung zu schenken ist. Auf diese Weise ist es ebenfalls möglich, etwaige Unregelmäßigkeiten im Wechselverkehr festzustellen, obgleich die vollständige Bestandaufnahme wegen der größeren Sicherheit den Vorzug verdient.

Nächst Feststellung des Bestandes ist die Prüfung auf die Ordnungsmäßigkeit der Wechsel selbst auszudehnen, wobei die für Prima- und Solawechsel geltenden besonderen Bestimmungen zu beachten sind. Es würde zu weit führen, auf die einzelnen Bestimmungen der Wechselordnung hier einzugehen, nur kurz sei erwähnt, daß der Unterschied zwischen Sola- und Primawechsel darin liegt, daß der Sola (eigene) Wechsel immer von dem Schuldner selbst ausgestellt ist, während der Primawechsel vom Gläubiger (Aussteller) auf den Schuldner (Bezogenen oder Akzeptanten) gezogen wird. Die Form des Wechsels geht aus dem Text hervor. Der Solawechsel wird in der Regel lauten:

Am . . . . . zahle ich gegen diesen meinen Solawechsel usw.

Datum. Unterschrift.

Der Primawechsel hat in der Regel folgenden Wortlaut:

Akzept | Am . . . . . zahlen Sie gegen diesen Primawechsel an mich usw.

Herrn X. Y. in Z. Aussteller.

Rechtlich ist die Wechselform insofern von besonderer Bedeutung, als die Primawechsel innerhalb 3 Monaten gegen die Giranten und den Aussteller geltend gemacht werden müssen zur Vermeidung des Verfalls der Regreßansprüche, während beim Solawechsel in der Regel nur Aussteller vorhanden sind, gegen welche die wechselmäßigen Ansprüche erst in 3 Jahren verjähren. Dazu bedarf es bei der Form der allgemein gebräuchlichen Solawechsel, in welchen die Zahlung in dem Geschäftslokal des Vereins zu leisten ist, keines Protestes, weil diese Wechsel nicht als Domizilwechsel anzusehen sind.

Für einen etwaigen Nachteil, der den Verein infolge Nichtbeachtung der geltenden Gesetzesbestimmungen trifft, haftet selbstverständlich der Vorstand. Es ist aber doch notwendig, daß der Aufsichtsrat resp. die mit der Revision beauftragten Mitglieder desselben die einschlägigen Bestimmungen ebenfalls kennen, um ihre Beachtung überwachen zu können.

Für die Vorschußkredite werden entweder Solawechsel oder Schuldscheine verwendet. Die ersteren laufen, wie bereits erwähnt, vom Tage der Fälligkeit ab noch 3 Jahre, nach dieser Zeit gilt der Wechsel nur noch als Schuldschein und es ist dabei zu beachten, daß dann rechtliche Bedenken wegen Gültigkeit der Bürgschaft entstehen können, wenn die Bürgen nicht als Selbstschuldner unterzeichnet haben. Aber auch selbst dann sollten die Wechsel immer rechtzeitig erneuert werden, denn wenn in den Geschäftsanweisungen vorgesehen ist, daß die Vorschüsse gegen Solawechsel gegeben werden sollen, dann darf der Vorstand nicht durch Verfallenlassen derselben eine Ausleihung gegen Schuldscheine machen. Zudem ist die regelmäßige Erneuerung der Wechsel ein gutes Erziehungsmittel für die Schuldner und eine erwünschte Kontrolle für den Bürgen. Deshalb ist bei der Revision darauf zu achten, daß die Solawechsel stets rechtzeitig erneuert werden. Die Erneuerung muß geschehen innerhalb 3 Jahren vom Tage der ersten Fälligkeit, sie geschieht aber zweckmäßig etwas vorher, weil erfahrungsgemäß Schuldner und Bürgen nicht immer so pünktlich zur Stelle zu bringen sind, daß eine rechtzeitige Erneuerung im letzten Augenblick möglich wäre. Nebenbei bemerkt sollte immer darauf gehalten werden, daß die Unterschriften im Geschäftslokal geleistet werden, damit möglichst Fälschungen verhindert werden. Wenn die Unterschriften außerhalb geleistet werden, so ist eine Beglaubigung zu verlangen. Das sind zwar Angelegenheiten, die den Vorstand betreffen, doch lehrt die Erfahrung, daß es zweckmäßig ist, auch den Aufsichtsrat über solche Punkte aufzuklären, damit er selbst über das Geschäftsverfahren vollständig unterrichtet ist und im gegebenen Fall seine Maßnahmen treffen kann.

Schuldscheine.

Wie die Solawechsel, so sollten auch die Vorschußschuldscheine einer regelmäßigen Erneuerung nach entsprechender Zeit im Interesse des Vereins und der Bürgen unterzogen werden. Mitunter sind bei Vereinen Schuldscheine vorzufinden, welche 20 und mehr Jahre alt sind. Dabei ist es nicht nur zweifelhaft, ob die Bürgen überhaupt noch existieren, es können namentlich wegen der Höhe der Forderung Zweifel entstehen und überall da, wo bestimmte Ratenzahlungen vereinbart sind, können von den Bürgen mit Recht Einwendungen erhoben werden, wenn die Zahlungen nicht eingehalten sind und von den Bürgen ein Erlaß nicht stattgefunden hat. Deshalb muß der Aufsichtsrat neben Feststellung des Vorhandenseins der Urkunden sein Augenmerk darauf richten, daß eine regelmäßige Erneuerung stattfindet, die vorgesehenen Ratenzahlungen geleistet und auf den Schuldscheinen vermerkt werden und im Falle der Stundung von Zahlungen den Bürgen Mitteilung gemacht wird. Ferner ist bei der Prüfung der Vorschußurkunden darauf zu achten, daß die erledigten Wechsel und Schuldscheine den Schuldnern zurückgegeben oder wenigstens kassiert und von den laufenden Werten ausgesondert werden. Es ist eine vielfach vorkommende Unsitte, die bereits durch neue ersetzten Wechsel und Schuldscheine unter den noch geltenden weiter zu führen.

Sonstige Werte.

An sonstigen Werten können noch in Frage kommen: Hypotheken, Schuldscheine über gegebene Darlehen an Gemeinden, Genossenschaften usw. Diese Werte sind in gleicher Weise zu prüfen, indem zunächst festgestellt wird, ob die Bücher darüber ordnungsmäßig geführt sind und sodann die sich ergebenden Salden mit den vorhandenen Urkunden verglichen werden. Dabei ist selbstverständlich auch die Ordnungsmäßigkeit der Urkunden zu revidieren. Die Hypotheken müssen z. B. auf den Namen des Vereins eingetragen sein, mindestens ist eine notariell beglaubigte Cession oder löschungsfähige Quittung notwendig, auf Grund deren die Eintragung im Grundbuche erfolgen kann.

Nachdem in dieser Weise sämtliche greifbare Aktiva geprüft worden sind, erfolgt die Prüfung derjenigen Aktiva, für welche keine Urkunden vorliegen, also z. B. der Kontokorrent-Außenstände, wie der Kredite überhaupt.. Denn durch die vorerwähnten Prüfungen ist zwar das Rechnungswesen und der vorhandene Bestand der Werte revidiert worden, während die Berechtigung der Außenstände auf ihre gesetzliche und statutarische Grundlage zunächst nicht berührt worden ist.

Prüfung der Kredite.

Bei Prüfung der Kredite im allgemeinen ist zunächst festzustellen, ob dieselben nach den Bestimmungen der Statuten und Vorschriften der Geschäftsanweisung gewährt sind. Ist für die Gewährung der Kredite der Vorstand allein zuständig, so ist es zweckmäßig, daß über die Bewilligung Niederschriften vorliegen, aus denen hervorgeht, daß die Bewilligung mit Zustimmung der dafür vorgesehenen Mehrheit von Vorstandsmitgliedern erfolgt ist. Die Bestimmungen hierüber sind verschieden, weshalb hier nur darauf hingewiesen werden kann, daß die Beachtung der gegebenen Vorschriften vom Aufsichtsrate geprüft werden muß. In Genossenschaften, wo der Vorstand aus 3 Personen besteht, ist dazu in der Regel das Einverständnis mindestens zweier Vorstandsmitglieder erforderlich. Wenn keine Protokolle über die Kreditbewilligungen geführt werden — was aber immer anzustreben ist — dann erscheint es zweckmäßig, daß nach der Revision die einzelnen Kredite in Gegenwart des Vorstandes erörtert werden, um dadurch die Gewißheit zu erlangen, daß die Kreditbewilligungen im Einverständnis mit der Mehrheit der Vorstandsmitglieder erfolgt sind.

In Vereinen, bei denen die Genehmigung der Kredite dem Aufsichtsrat vorbehalten ist, muß die Prüfung des Aufsichtsrates auch auf diesen Punkt ausgedehnt werden. Die Prüfung hat sich in diesem Falle ebenfalls nach den vorhandenen Einrichtungen und Bestimmungen zu richten. Wenn die Kredite von Fall zu Fall dem Aufsichtsrat zur Genehmigung vorgelegt werden, dann ist nach den Ausgaben zu prüfen, ob dieselben in dem Antragsbuche für den Aufsichtsrat enthalten oder in einer andern Form zur Genehmigung vorgelegt sind. Bei dieser Prüfung dürften Stichproben genügen, weil sich daraus schon bald ergibt, ob im allgemeinen die vorhandenen Vorschriften eingehalten sind.

Bei denjenigen Vereinen, welche eine Kreditfähigkeitsliste eingeführt haben, oder bei denen für einzelne Kreditzweige besondere Grenzen festgesetzt sind, ist an der Hand derselben zu vergleichen, ob sich die gewährten Kredite innerhalb der festgesetzten Grenzen bewegen. Hierbei ist aber besonders zu beachten, daß auch sämtliche Kredite eines Mitgliedes berücksichtigt werden, da einzelne Mitglieder gleichzeitig Vorschuß-, Diskont-, Lombard- und Kontokorrent-Kredit genießen können. Aus diesem Grunde ist es nicht zweckmäßig, eine zeitlich getrennte Prüfung nach der Art der Kredite vorzunehmen, vielmehr ist zu empfehlen, daß sich die Prüfung nach Mitgliedern auf die verschiedenen, bei dem Verein eingeführten Kreditarten erstreckt. Die sämtlichen von einem Mitgliede in Anspruch genommenen Kredite dürfen die durch die Kreditliste festgesetzten Beträge nicht überschreiten, wobei insbesondere darauf zu achten ist, daß nicht eine Kreditentnahme durch Bürgschaftsübernahme umgangen wird, weshalb es zweckmäßig ist, bei der Einschätzung für etwaige Bürgschaften, ebenfalls Grenzen festzusetzen, wodurch zwar die Kreditgrenzen erweitert, aber gleichzeitig Normen für die Beurteilung der Bürgschaften festgelegt werden. Denn darüber können leicht Meinungsverschiedenheiten entstehen, die dann auch weiter die Frage zweifelhaft erscheinen lassen, ob eine Kreditüberschreitung vorliegt oder nicht. Zur Erläuterung diene folgendes Beispiel:

Bürgschaften.

Mitglied A. ist mit 5000 Mk. Kredit eingeschätzt. Es hat diesen Kredit ausgenutzt, indem es einen Vorschuß von 2500 Mk. unter Bürgschaft von B. erhielt und im gleichen Betrage Geschäftswechsel diskontierte. Mitglied B. und C., 2 Verwandte von A., sind mit je 10000 Mk. eingeschätzt, die sie als Vorschüsse unter gegenseitiger Bürgschaft in Anspruch nehmen. Zur weiteren Sicherheit verlangt der Vorstand auch noch die Bürgschaft des A. für die Vorschüsse von B. und C. Soweit ist die Sache *formell* noch in Ordnung, denn einer Gesamteinschätzung von 25000 Mk. steht auch nur ein Kredit in gleicher Höhe gegenüber und dennoch gehen die Verpflichtungen der einzelnen Mitglieder infolge der gegenseitigen Bürgschaften schon weit über die festgesetzten Grenzen hinaus, denn im schlimmsten Falle hätten unter Umständen aufzukommen:

C. für 20000 Mk. (10000 Mk. eigenen Kredit und 10000 Mk. Kredit B.).

B. für 22500 Mk. (10000 Mk. eigenen Kredit, 10000 Mk. für C., 2500 Mk. für A.).

A. für 25000 Mk. (5000 Mk. eigenen Kredit, 10000 Mk. für C., 10000 Mk. für B.).

Ungleich schlimmer wird die Sachlage noch, wenn die Mitglieder A. B. C. nicht nur füreinander, sondern auch noch für andere Mitglieder Bürgschaften übernehmen. Nehmen wir an, A. habe ein kaufmännisches Geschäft mit zahlreichen Außenständen. Er braucht das Geld in seinem Geschäft, kann es aber von seinen Geschäftsfreunden nicht in bar erhalten. Es liegt nun sehr nahe, daß er seine Schuldner, soweit sie Mitglieder der Kreditgenossenschaft sind und sein eigener Kredit bei der Genossenschaft erschöpft ist, veranlaßt, die nötigen Gelder bei der Genossenschaft unter seiner Bürgschaft zu entnehmen. Dadurch entstehen mitunter Engagements, die weit über die Grenze der ursprünglichen Einschätzung hinausgehen, ohne daß die wirkliche Höhe auf den ersten

Blick zu erkennen ist. Wenn sich der Gläubiger von seinen Schuldnern Wechsel geben läßt, die er bei der Genossenschaft diskontiert, dann erscheint die Verpflichtung anstatt unter Bürgschaft als Wechselobligo.

Belastungsliste.

Bei der Wichtigkeit dieses Punktes ist es erforderlich, daß Einrichtungen getroffen werden, welche eine schnelle Übersicht über die Gesamtverpflichtungen der einzelnen Mitglieder ermöglichen. Das einfachste Mittel hierzu ist die Führung einer Belastungsliste in der Weise, daß daraus die Verpflichtungen getrennt nach der Art der Kredite und die Bürgschaften zu ersehen sind. Wo eine solche Liste geführt wird, hat sich der Aufsichtsrat durch zahlreiche Stichproben zu überzeugen, daß die Eintragungen vollständig bis zum Tage der Revision gemacht sind, wonach dann eine Vergleichung mit der Kreditliste vorzunehmen ist. Wenn keine Belastungsliste vorhanden ist, dann sollte wenigstens eine Bürgschaftsliste geführt werden, die eventuell auch durch Eintragung der übernommenen Bürgschaften auf dem Vorschußkonto in einer besonderen Rubrik ersetzt werden könnte. Für die Vorschüsse sind besondere Konten oder aber Verzeichnisse zu führen, aus welchen die Schulden schnell und übersichtlich zusammenzustellen sind. Für die Diskontverpflichtungen werden gewöhnlich keine besonderen Konten geführt (nur in einzelnen Gegenden ist es üblich, die Diskontgeschäfte buchmäßig genau so wie die Vorschußgeschäfte zu behandeln), deshalb muß zur Übersicht über die Verpflichtungen die Führung eines Obligos verlangt werden, aus welchem die Verpflichtungen der einzelnen Mitglieder übersichtlich zu ersehen sind. Danach ist der Aufsichtsrat in der Lage, sich über die Höhe der einzelnen Verpflichtungen leicht orientieren zu können. Natürlich muß auch hier zuvor festgestellt werden, ob das Obligo zuverlässig geführt ist, wie es als allgemeiner Grundsatz festzuhalten ist, daß jedes Buch, welches als Grundlage für eine Revision benutzt wird, zunächst auf seine richtige Führung zu prüfen ist.

Wechselobligo.

Aus dem Wechselobligo sollen, wie erwähnt, sämtliche Verpflichtungen eines Mitgliedes zu ersehen sein. Gerade beim Diskontgeschäft entstehen aber oft Zweifel darüber, was als Verpflichtung anzusehen ist. Verschiedentlich wird das Verfahren angewendet, wie es bei der Reichsbank gebräuchlich ist. Die Reichsbank verteilt nämlich das Obligo aus einem Wechsel mit mehreren Unterschriften auf die einzelnen Verpflichteten je nach deren Vorbelastung. Bei den Kreditgenossenschaften können dafür nur die Mitglieder derselben in Frage kommen. Wenn sich auch gegen diese Verteilung nichts einwenden läßt, so sollte doch daran festgehalten werden, daß außer der wirklichen Obligobelastung die ganze Verpflichtung aus dem Obligo zu ersehen ist, damit nicht der Aufsichtsrat darüber im Zweifel bleiben kann. Wenn z. B. ein Mitglied einen Wechsel über 10000 Mk. diskontiert und seine Einschätzung verträgt nur noch eine Belastung von 5000 Mk., dann kann, sofern ein weiterer Wechselverpflichteter als eingeschätztes Mitglied vorhanden ist, diesem der Betrag von 5000 Mk. in das Obligo geschrieben werden, wenn dieses dafür noch frei ist. Es ist aber notwendig, daß diese Verteilung ersichtlich ist, indem auf jedem der beiden Konten neben der Belastung der wirkliche Wechselbetrag notiert wird.

Die Behandlung der Wechselgeschäfte geschieht — wie gesagt — sehr unterschiedlich. In manchen Vereinen möchte man die Diskontgeschäfte gar nicht in die Kreditgrenze einbeziehen. Das ist entschieden unrichtig, denn in jedem Diskontgeschäft liegt ein mehr oder minder großes Risiko, welches eine Kreditgewährung darstellt. Es kann sich nur darum handeln, daß dem Vorstande ein etwas weiterer Spielraum bei Beurteilung der einzelnen Geschäfte durch eine nicht allzu eng begrenzte Einschätzung gelassen wird. Bei allem bleibt aber zu beobachten, daß über die tatsächlich festgesetzte Grenze nicht hinausgegangen wird.

Laufende Rechnung. Lombardkredite.

Für den Verkehr in **laufender Rechnung** (Kontokorrent) sind stets Personalkonten zu führen, aus denen die Schulden oder

Guthaben der einzelnen Geschäftsfreunde genau zu ersehen sind. In ähnlicher Weise sind auch die Lombardkredite (Kredite gegen Beleihung von Wertpapieren) zu verbuchen.

Nachdem die Richtigkeit dieser Konten an Hand der Grundbuchungen und Belege, Prüfung der Additionen usw. festgestellt ist, erfolgt die Prüfung auf ordnungsmäßige Bewilligung der vorhandenen Kredite und ihre Sicherstellung. Zunächst ist also darauf zu achten, daß die Kredite in der vorgesehenen Form bewilligt und genehmigt sind. Gerade bei den Kontokorrent- und Lombardkrediten kommen leicht Überschreitungen der festgesetzten Grenzen durch Zinsbelastung usw. vor, welche einer genauen Prüfung zu unterziehen sind. Am besten ist es, die vorgefundenen Überschreitungen protokollarisch festzulegen und einen Beschluß des Aufsichtsrates über ihre Beseitigung herbeizuführen. Kleine vorübergehende Überschreitungen können als unwesentlich angesehen werden, dagegen ist bei allen größeren Überschreitungen streng auf deren Beseitigung zu achten. Ist dieselbe nicht durch Rückzahlung möglich, so muß versucht werden, inzwischen entsprechende Sicherheit zu erlangen. Je nach der erlangten Sicherheit kann dann vom Aufsichtsrat beschlossen werden, ob der Kredit beibehalten werden kann oder trotzdem ermäßigt werden soll. Es ist selbstverständlich, daß dabei stets die von der Generalversammlung nach § 49 GG. festgesetzte Höchstkreditgrenze eingehalten werden muß, über welche hinaus weder Vorstand noch Aufsichtsrat Kredite bewilligen oder genehmigen können. Alle den festgesetzten Höchstkredit etwa übersteigenden Kredite sind unter allen Umständen auf die beschlossene Grenze zurückzuführen.

§ 49 GG.

§ 49 Ziff. 2 GG. schreibt vor:

> „Die Generalversammlung hat die Grenzen festzusetzen, welche bei Kreditgewährungen an Genossen eingehalten werden."

Mit dieser Bestimmung haben sich wiederholt die Revisorenkonferenzen und Verbandstage befaßt, wobei die allgemeine Ansicht dahin ging, daß die Grenzen ziffernmäßig oder doch so, daß die Ziffern jederzeit nach bestimmten Größen berechnet werden können, festzusetzen sind. Man könnte z. B. anstatt einer bestimmten Zahl die Grenze auf die Höhe der Reserven oder auf den 10. Teil der fremden Gelder oder sonstigen gegebenen Grundlagen bemessen. Auf die Gründe, welche zur Aufnahme dieser Bestimmung in das Gesetz geführt haben, soll hier nicht näher eingegangen werden, für den vorliegenden Zweck kommt es darauf an, den Aufsichtsrat auf die bestehende Vorschrift und deren zweckentsprechende Anwendung aufmerksam zu machen, denn man sollte es nicht für möglich halten, daß es heut, nach nahezu 20jähriger Geltung des gegenwärtigen Genossenschaftsgesetzes noch Kreditgenossenschaften gibt, in welchen die Grenzen für aufzunehmende fremde Gelder und für den Einzelkredit nach § 49 GG. nicht festgesetzt sind. Kommt dies noch vereinzelt bei Verbandsvereinen vor, um wieviel häufiger mag es der Fall sein bei Vereinen, die keinem Verbande angehören, sondern durch Personen revidiert werden, die ihre Aufgabe nur in einer Prüfung des Rechnungswesens, nicht aber Beobachtung der genossenschaftlichen Grundsätze und Vorschriften sehen. Bei Vereinen, welche keine Grenzen für die Kreditgewährung an Genossen festgesetzt haben, entbehrt die gesamte Kreditgewährung eigentlich der gesetzlichen Grundlage. Deshalb ist es notwendig, daß diese Festsetzung zunächst erfolgt und es fragt sich nun, wie hat dies zu geschehen. Da der Generalversammlung die Beschlußfassung hierüber zusteht, ist es erforderlich, daß der Gegenstand als besonderer Punkt auf die Tagesordnung gesetzt wird. Es genügt nicht, eine so wichtige Frage unter der Rubrik „sonstige Anträge" oder dgl., wie es öfters geschieht, zu erledigen. Unter diesem Rubrum können in der Generalversammlung überhaupt keine gültigen Beschlüsse gefaßt werden. Die Aufstellung der Tagesordnung für die Generalversammlung geschieht in der Regel in gemeinschaftlicher Sitzung von Vorstand und Aufsichtsrat, deshalb sind auch die Vorlagen und Vorschläge von beiden Organen gemeinschaftlich vorzubereiten. Bei dem Vorschlage für Festsetzung der Grenzen für die Kreditgewährung sind die gesamten Verhältnisse der Genossenschaft zu berücksichtigen.

Durch die Erfahrungen hat sich allmählich der Grundsatz herausgebildet, die Höchstkreditgrenze nicht über den Betrag der Reserven hinaus zu bemessen, der in verschiedenen Beschlüssen der allgemeinen Genossenschaftstage zum Ausdruck gekommen ist. Der Grundsatz basiert darauf, daß ein vorsichtiger Geschäftsmann bei einem Kunden kein größeres Risiko eingehen soll, als im Notfall die Reserven decken können. Entsteht ein Verlust, so geht derselbe nicht über die Höhe der Reserven hinaus und die Geschäftsguthaben der Mitglieder bleiben intakt.

Bei älteren Genossenschaften, welche in der Lage gewesen sind, im Laufe der Jahre dem Geschäftsumfange entsprechende Reserven anzusammeln, kann der vorerwähnte Grundsatz fast stets zur Anwendung gelangen, ohne das Geschäft über Gebühr einzuschränken. Dagegen wird bei neugegründeten Genossenschaften zunächst das zu erwartende Kreditbedürfnis selbst die Grundlage für Festsetzung der Grenze bilden können, wobei die gesunden Grundsätze einer vorsichtigen Geschäftsführung nicht außer acht gelassen werden dürfen.

Da die Grenzen den Geschäftsverhältnissen der Genossenschaft anzupassen sind, so ist auch veränderten Verhältnissen Rechnung zu tragen, indem der Generalversammlung eine Erhöhung oder Ermäßigung vorgeschlagen wird. Unrichtig ist es aber, die Grenzen nur nach dem Kreditbedürfnis zu bemessen. Wird also bei der Revision durch den Aufsichtsrat oder den Verbandsrevisor festgestellt, daß die festgesetzten Grenzen in einzelnen Fällen überschritten sind, so darf nicht ohne weiteres eine Erhöhung der Grenzen bei der Generalversammlung beantragt werden, es muß vielmehr erst sorgfältig geprüft werden, ob eine solche Erhöhung auch durch die Grundlage der Genossenschaft gerechtfertigt ist.

Die vorstehenden Ausführungen können in sinngemäßer Weise auch auf den ersten Teil des § 49 Anwendung finden, in welchem bestimmt wird, daß

> die Generalversammlung den Gesamtbetrag festzusetzen hat, welchen Anleihen der Genossenschaft und Spareinlagen bei derselben nicht überschreiten sollen.

Während die Bestimmung Ziff. 2 zum Schutze der Mitglieder getroffen ist, bezweckt Ziff. 1, die Gläubiger der Genossenschaft vor Nachteilen zu bewahren, welche durch übermäßige Annahme fremder Gelder entstehen können. Schwere Krisen sind schon über Genossenschaften dadurch hereingebrochen, daß sie die ihnen im Übermaß zufließenden Gelder nicht im soliden Geschäft unterbringen konnten und dadurch zu leichtfertiger Kreditgewährung oder sonst verlustbringender Anlegung veranlaßt wurden. Dem soll durch § 49 Ziff. 1 ein Damm vorgeschoben werden, indem Grenzen festgesetzt werden, welche sich nach dem Bedürfnis und dem Geschäftsumfange richten sollen. Es ist also auch hier zu beachten, daß die Grenzen festgesetzt sind, daß die festgesetzten Grenzen nicht überschritten werden und daß bei den Vorschlägen für eine etwaige Erhöhung die Grundlage der Genossenschaft sorgfältig geprüft wird. Einem allzugroßen Geldandrange, für welchen im laufenden Geschäfte keine Verwendung ist, wird man durch Zinsreduktion steuern können und im übrigen die Geldflüssigkeit zu benutzen suchen, um die Liquidität der Genossenschaft zu befestigen.

Sicherheiten.

Nächst der statutenmäßigen Bewilligung und Genehmigung der Kredite ist die Revision auf die Sicherstellung auszudehnen. Die Prüfung auf das Vorhandensein und die Ordnungsmäßigkeit der Pfänder ist bereits eingehend besprochen worden. Es handelt sich jetzt noch darum, festzustellen, ob bei der Beleihung die vorhandenen Vorschriften beachtet worden sind, denn bei der Verschiedenartigkeit der Sicherheiten greift auch eine verschieden hohe Beleihung Platz. Allgemeine Vorschriften lassen sich dahin geben, daß bei Sicherungshypotheken und Bürgschaftswechseln der sichergestellte Betrag die Kreditsumme übersteigen soll — man rechnet dabei in der Regel mit 10% —, damit der Verein auch für etwaige Zinsen, die für den in Anspruch genommenen Kredit auflaufen, gedeckt ist. Denn bei diesen beiden Gattungen von Sicherheiten ist nur der Betrag einklagbar, welcher in den Urkunden angegeben ist. Darüber hinaus ist aus einem Wechsel der Bürge und aus einer Sicherungshypothek das verpfändete Grundstück nicht in Anspruch zu nehmen, vorausgesetzt, daß bei der Hypothek nicht eine Zinsenkaution besonders eingetragen ist, was namentlich in Bayern fast regelmäßig geschieht.

Auch für die Beleihung von Wertpapieren können allgemeine Vorschriften darüber festgesetzt werden, in welcher Höhe die einzelnen Gattungen ähnlich wie bei der Reichsbank beliehen werden dürfen. Es ist zweckmäßig, eine solche Lombardordnung aufzustellen, weil dgl. Geschäfte meist eine schnelle Erledigung erheischen, so daß es erwünscht ist, wenn der Vorstand im voraus bestimmte Direktiven hat und nicht die Genehmigung des Aufsichtsrats von Fall zu Fall einholen muß. Diese Ermächtigung kann dem Vorstande auch ohne Bedenken gegeben werden, wenn die Bestimmungen so gehalten sind, daß mit deren Beachtung ein besonderes Risiko für den Verein nicht verknüpft ist. Daraus folgt schon, daß Werte, welche starken Kursschwankungen unterworfen sind, also Industriewerte aller Art, ausländische Werte usw. besonders vorsichtig zur Beleihung zuzulassen sind. Werte ohne offizielle Börsennotiz sollten überhaupt davon ausgeschlossen werden, wenigstens muß darüber stets ein besonderer Beschluß vorbehalten bleiben. Dies bezieht sich auch auf sog. lokale Werte. An Plätzen, wo eine lebhafte Industrie herrscht, gibt es in der Regel auch eine Anzahl von Werten (Aktien, Obligationen), die man aus lokalpatriotischen Rücksichten und im Interesse des Vereins nicht gut von der Beleihung prinzipiell ausschließen kann. In diesen Fällen ist es notwendig, daß die Beleihungsgrenzen für jedes Effekt einzeln normiert werden und daß eine öftere Prüfung stattfindet, ob etwa die festgesetzten Grenzen nach veränderten Verhältnissen abzuändern sind.

Die Beachtung all dieser allgemein oder für einzelne Geschäfte besonders gegebenen Bestimmungen ist bei der Revision auf das Sorgfältigste zu prüfen, indem die wirklichen Kredite mit dem nach den Beleihungsvorschriften ermittelten Werte der Depots verglichen werden.

Bank-, Giro- und Inkassoverkehr.

Wie bereits erwähnt worden ist, bildet der Bankverkehr einen sehr wichtigen Teil des Geschäftes, da durch Überweisungen und Bankauszahlungen über große Summen verfügt werden kann, ohne daß eine Kassenbuchung nötig ist, deshalb ist auf die Prüfung des gesamten Bankverkehrs schon innerhalb des Jahres die größte Sorgfalt zu verwenden, namentlich da jetzt vielfach das Bestreben besteht, den Barverkehr soviel wie möglich durch Giro- und Überweisungsverkehr zu ersetzen. Schon die Vermehrung der Reichsbankanstalten erfordert, daß sich die Kreditgenossenschaften mehr wie früher mit dem eigentlichen Bankverkehr befassen, um ihren Mitgliedern die Vorteile desselben zuzuwenden und auch selbst Nutzen daraus zu ziehen. Deshalb muß sich auch der Aufsichtsrat soviel wie möglich mit den Einrichtungen vertraut machen. Die bücherliche Prüfung ist bereits besprochen worden (S. 49ff.). Für jetzt handelt es sich darum, zu prüfen, ob sich der Verkehr in den beschlossenen Grenzen bewegt. In der Regel wird hierüber in gemeinschaftlicher Sitzung von Vorstand und Aufsichtsrat Beschluß gefaßt, erstens über die Anknüpfung der Bankverbindungen überhaupt, Bezeichnung derjenigen Banken, mit welchen Verkehr gepflogen werden soll, sowie Festsetzung der Höhe der anzulegenden oder aufzunehmenden Gelder. Der Aufsichtsrat hat also zu prüfen, ob diese Beschlüsse eingehalten sind, insbesondere ob bei der Anlegung müßiger Gelder die Grenzen nicht überschritten sind, eventuell ist ein neuer Beschluß herbeizuführen. Ebenso wichtig wie die Prüfung des Guthabens, ist auch die Kontrolle der Bankschulden. Diese Schulden dürfen nie über den normierten Betrag hinausgehen und müssen sich auch in der Form an die gefaßten Beschlüsse halten. Sollen für den in Anspruch zu nehmenden Kredit Akzepte der Genossenschaft gegeben werden, so wird meist die Genehmigung des Aufsichtsrats nach den Geschäftsanweisungen besonders erforderlich sein.

Zu der Prüfung des gesamten Bankverkehrs ist mehr wie sonst die genaue Durchsicht der darauf bezüglichen Korrespondenz erforderlich. Denn daraus kann der Aufsichtsrat leicht den Charakter des Verkehrs erkennen. Kommen öftere Differenzen oder gar Mahnungen um fällige Zahlungen oder versäumte Gutschriftsaufgaben vor, dann ist schon immer auf eine unordentliche Handhabung zu schließen, wenn nicht gar Schlimmeres vorliegt. Es könnte nun allerdings vorkommen, daß der Vorstand alle Schriftstücke bedenklicher Art beseitigt, so daß der Aufsichtsrat dann etwaige Unregelmäßigkeiten nicht finden kann. Um auch nach dieser Richtung gesichert zu sein, müssen am Schlusse des Semesters nach dem Kontoauszuge der Bank alle Posten einzeln mit dem Konto und den Grundbüchern verglichen werden. Ergeben sich dabei auch nur die kleinsten Abweichungen etwa in den Daten, so sind die Belege zur Hand zu nehmen und es wird sich dann zeigen, ob dieselben etwa bei der im Laufe des Jahres vorgenommenen Revision nicht vorgelegen haben. Gegen die Gefahr, daß zwei Vorstandsmitglieder im Einverständnis handeln und hinter dem Rücken des Aufsichtsrates etwa Vereinsakzepte ausstellen, diskontieren und nicht buchen, d. h. das Geld veruntreuen, gibt es keinen absoluten Schutz, wie überhaupt nicht gegen Veruntreuungen, welche durch Nichtbuchung gemachter Einnahmen begangen werden. Hierfür kann auch der Aufsichtsrat nicht regreßpflichtig gemacht werden, wenn er im übrigen nachweisen kann, daß er seinen Revisionspflichten in gewissenhafter Weise nachgekommen ist. Dazu gehört, daß der Aufsichtsrat gelegentlich auch unvermutet Einsicht von den Korrespondenzen nimmt, um sich zu überzeugen, daß keinerlei unrechte Geschäfte gemacht und ungenehmigte Verbindungen unterhalten werden.

Für die Genossenschaften kommt neben dem Bankverkehr besonders noch der Inkassoverkehr in Betracht. Derselbe bezieht sich auf das gegenseitige Einkassieren von Wechseln und wird hauptsächlich mit den Genossenschaftsabteilungen der Dresdner Bank unterhalten. Wie der Verein seine auswärtigen Wechsel zum Inkasso an die Zentralstellen nach Berlin oder Frankfurt a. M. sendet, so empfängt er von dort die auf seinen Platz lautenden Wechsel zu dem gleichen Zweck. Der Aufsichtsrat hat nun zu prüfen, ob diese Wechsel auch ordnungsmäßig eingezogen und der Bank gutgeschrieben werden. Diese Prüfung ist ihm dadurch erleichtert, daß die Genossenschaftsabteilungen der Dresdner Bank monatlich Postenauszüge über den stattgehabten Verkehr versenden als Ersatz für die Einzelbestätigungen. Deshalb ist dem Aufsichtsrat hier eine fortlaufende Kontrolle leicht möglich, die um so mehr ausgeübt werden sollte, weil gerade in diesem Punkte bei manchen Vereinen eine Säumigkeit herrscht, welche leicht zu Schädigungen des Vereins führen kann, wenn z. B. Wechsel nicht rechtzeitig protestiert und zurückgeschickt werden usw. Namentlich in kleineren Verhältnissen kommen derartige „Rücksichten" öfters vor, wogegen vom Aufsichtsrat nicht energisch genug eingeschritten werden kann. Aus dem bisherigen Geschäftsverkehr kann der Aufsichtsrat ungefähr ermessen, wann Wechsel von der Dresdner Bank zum Inkasso eingehen. Da jeder Wechselsendung ein Verzeichnis beigefügt wird, so kann sich der Aufsichtsrat diese Verzeichnisse vorlegen lassen und danach prüfen, ob die Wechsel ordnungsmäßig einkassiert oder protestiert und zurückgeschickt sind.

Giroverpflichtungen.

Die Geschäftsanweisung für den Aufsichtsrat, welche nach den von dem Allgemeinen Verbande aufgestellten Muster bei einer großen Anzahl von Genossenschaften eingeführt ist, enthält u. a. die Bestimmung, daß der Aufsichtsrat die schwebenden Verbindlichkeiten (Giroverpflichtungen) zu untersuchen hat. Über die Wichtigkeit dieser Bestimmung ist man sich in Aufsichtsratskreisen vielfach nicht klar, weshalb ich etwas näher auf diesen Punkt eingehen will.

Unter Giroverpflichtungen versteht man diejenigen Verbindlichkeiten, welche die Genossenschaft durch Weiterbegebung von Wechseln eingegangen ist. Diese Form ist ein einfaches und beliebtes Mittel zur Befriedigung vorübergehenden Geldbedarfs. Bei Vereinen, welche an erheblichem Geldmangel leiden, wird aber leicht auf diese Weise ein großer Teil des Betriebskapitals beschafft und es besteht die Gefahr, daß dadurch die gesunde Grundlage leidet und daß Verpflichtungen eingegangen werden, welche geeignet sind, bei geringem äußeren Anlaß den Verein in eine schwere Krisis hineinzutreiben. Da diese Verpflichtungen meist aus der Bilanz nicht ersichtlich sind und nach allgemeiner fachmännischer Ansicht auch nicht in die Bilanz hineingehören, so bedarf ihre Überwachung durch den Aufsichtsrat ganz besonderer Beachtung und diesem Gesichtspunkte ist in der Geschäftsanweisung durch die angeführte Bestimmung Rechnung getragen. Zur Kontrolle dieser Verpflichtungen ist es zweckmäßig, daß wie für die Aktivwechselverpflichtungen auch für diese Passivverpflichtungen ein Obligo geführt wird, in welches die weiterbegebenen (rückdiskontierten) Wechsel nach den Empfängern geordnet eingetragen werden. Aus diesem Obligo muß also zu ersehen sein, wie hoch sich die Verpflichtung bei der Reichsbank oder einer sonstigen Bankverbindung beläuft. Bei Prüfung dieser Verpflichtungen hat der Aufsichtsrat sein Augenmerk darauf zu richten, daß sich dieselben in einem angemessenen Verhältnis zu den Betriebsmitteln halten und die Liquidität nicht in erheblicher Weise beeinträchtigen. Es ist also ungesund, wenn ein Verein Vorschußkredite in die Form von Primawechseln kleidet zum Zwecke der Weiterbegebung, und im übrigen nicht über genügend hohe leicht realisierbare Werte an Effekten usw. verfügt, aus denen er im Notfall die Wechsel bei Fälligkeit einlösen könnte. Auf die Notwendigkeit der Einlösung weiterbegebener Wechsel bei Fälligkeit muß ein Verein stets vorbereitet sein, wobei allerdings die Art der entstandenen Verpflichtungen zu berücksichtigen ist. Bei Primadiskonten, welche zum Zwecke der Geldanlegung erworben worden sind und bei reinen Geschäftswechseln ist die Gefahr einer Nichteinlösung seitens der Akzeptanten geringer, wie bei Wechseln, denen keine Warengeschäfte zugrunde liegen. Deshalb ist bei Beurteilung der Giroverpflichtungen neben der Höhe auch die Art der weiterbegebenen Wechsel zu berücksichtigen.

Liste der Genossen.

Außer der Prüfung des Rechnungswesens und der Vermögensbestände ist es Aufgabe des Aufsichtsrates, auch die sonstigen geschäftlichen Einrichtungen einer durchgreifenden Kontrolle zu unterziehen, wozu in erster Linie die Revision der Liste der

Genossen und aller auf Führung derselben bezüglichen Vorschriften gehört, da die Liste der Genossen die ureigenste Grundlage für die Genossenschaft bildet. Deshalb ist es nötig, daß sich der Aufsichtsrat über die hierfür zu beachtenden Vorschriften unterrichtet, um die Ausführung derselben überwachen zu können. Für die Führung der Mitgliederliste ist vom Reichskanzler ein besonderes Formular vorgeschrieben, welches jetzt fast durchweg eingeführt ist. Wo dies noch nicht geschehen, sollte auf baldige Einführung desselben gedrungen werden. Zunächst ist zu beachten, daß diejenigen Personen, welche nach den Protokollen als neue Mitglieder aufgenommen worden sind, auch als solche bei Gericht angemeldet und in die Liste der Genossen eingetragen sind. Darüber, wie über die Eintragung von sonstigen Veränderungen in der Liste der Genossenschaften, müssen die gerichtlichen Benachrichtigungen geordnet vorliegen. Bei dieser Gelegenheit können auch Stichproben gemacht werden, ob diejenigen Personen, denen Kredite bewilligt sind, als Mitglieder eingetragen sind. Denn nach § 8 GG. dürfen Kredite nur an Mitglieder gewährt werden. In der Praxis kommen aber oft teils aus Unachtsamkeit, teils aus besonderen Gründen Ausnahmen vor, deren Beseitigung vom Aufsichtsrat anzuordnen ist. Erfolgt die Aufnahme durch gemeinschaftlichen Beschluß von Vorstand und Aufsichtsrat, dann müssen darüber Niederschriften vorhanden sein. Wenn aber der Vorstand die Aufnahme selbst beschließen kann, dann ist es doch angebracht, die Aufnahmebewilligungen oder Ablehnungen dem Aufsichtsrat zur Kenntnisnahme zu unterbreiten.

Beachtenswert ist, daß die Eintragung nicht vor der Zulassung der Betreffenden erfolgen darf. § 15 Abs. 2 GG. besagt, daß der Vorstand die Beitrittserklärung im Falle der Zulassung des Betreffenden dem Gerichte zur Eintragung einzureichen hat. Ist also die Aufnahme von dem gemeinschaftlichen Beschlusse von Vorstand und Aufsichtsrat abhängig, dann darf der Vorstand die Beitrittserklärung nicht vor der offiziellen Beschlußfassung über die Aufnahme dem Gericht zur Eintragung einreichen. Denn ein Mitglied, welches vom Gericht eingetragen ist und seinen Verpflichtungen nachkommt, ist wegen formeller Mängel bei der

Aufnahme nicht auszuschließen. Das Gericht hat aber die Beachtung der Formalitäten bei der Aufnahme nicht zu prüfen.

Bei den Austrittserklärungen ist zu prüfen, ob dieselben mit Einhaltung der gesetzlichen Kündigungsfrist erfolgt sind und daß sie auch rechtzeitig dem Gericht zur Eintragung in die Liste der Genossen eingereicht sind. Nach § 69 GG. soll die Einreichung mindestens 6 Wochen vor Schluß des Geschäftsjahres erfolgen. Todesfälle sind nach § 77 GG. sofort anzumelden, d. h. sobald der Vorstand Kenntnis von dem erfolgten Todesfall erhalten hat. Bei einer sehr großen Genossenschaft ist es schwer, bezüglich der Verhältnisse der einzelnen Mitglieder auf dem Laufenden zu bleiben. Der Vorstand muß sich mehr oder weniger auf die Mitteilungen der Genossen selbst verlassen. Dagegen werden in kleineren Vereinen Veränderungen in dem Bestande der Mitglieder eher bekannt. Es ist Sache des Aufsichtsrates, sich durch Einsichtnahme der Liste zu überzeugen, ob die Todesfälle oder sonstigen Abgänge zur Eintragung in die Liste der Genossen angemeldet sind. Zweckmäßig geschieht diese Prüfung nicht durch eine Revisionskommission, sondern durch den gesamten Aufsichtsrat, indem das Mitgliederverzeichnis verlesen wird, weil durch die größere Körperschaft die Möglichkeit gegeben ist, daß etwaige Veränderungen zur Sprache gebracht werden. Am besten ist es, bei Prüfung der Liste das Konto der Geschäftsguthaben zur Hand zu nehmen. Denn in der Regel sind bei Mitgliedern, welche ausgewandert, verschollen oder gestorben sind, auch Rückstände in den Einzahlungen zum Geschäftsanteil vorhanden. Ist man über den Verbleib einzelner Mitglieder nicht im klaren, und dieselben sind ihren Einzahlungsverpflichtungen nachgekommen, dann ist keine Veranlassung vorhanden, diese Mitglieder auszuschließen, dagegen ist eine Handhabe hierzu gegeben, wenn die Mitglieder ihren statutenmäßigen Verpflichtungen zur Ansammlung des Geschäftsanteils nicht nachkommen.

Geschäftsguthaben.

Die Bildung des eigenen Vermögens ist eine der wichtigsten Bestimmungen für die Grundlage einer Genossenschaft, deshalb ist es von besonderem Wert, daß die Beobachtung der statutarischen Vorschriften hierüber vom Aufsichtsrat geprüft wird. Das geschieht in der Weise, daß nach Prüfung der ordnungsmäßigen Übertragung der Einzahlungen auf die einzelnen Konten diese vom Aufsichtsrat einzeln durchgegangen werden. Alle Rückstände, welche sich dabei zeigen, sind festzustellen und dem Vorstande ist die Einziehung derselben in einer entsprechenden Zeit zur Pflicht zu machen. Nach Ablauf dieser Zeit muß sich der Aufsichtsrat von dem Erfolge der Mahnungen überzeugen und dann den Ausschluß solcher Mitglieder, welche trotz wiederholter Mahnung ihren Verpflichtungen nicht nachkommen, vornehmen oder der Generalversammlung in Vorschlag bringen je nach Vorschrift der Statuten. In den Einzahlungen zum Geschäftsanteil kann bei den Mitgliedern leicht eine große Unpünktlichkeit eintreten, wenn nicht vom Vorstande streng auf Einhaltung der Zahlungsverpflichtungen gesehen wird, insbesondere müssen neue Mitglieder von Anfang an in dieser Beziehung an Pünktlichkeit gewöhnt werden. Man kann beobachten, daß in Fällen, wo diese Maßnahme außer acht gelassen wird, sehr schnell Rückstände eintreten, die nicht wieder einzuholen sind. Wird dann auf nachträgliche Zahlung gedrungen, dann entstehen Unannehmlichkeiten und Schwierigkeiten. Nach § 22 GG. dürfen Einzahlungen zum Geschäftsanteil nicht erlassen werden und der Aufsichtsrat macht sich unter Umständen für die Rückstände ersatzpflichtig, wenn er es unterläßt, den Vorstand in Ausführung dieser Bestimmung zu überwachen oder die im Statut vorgesehenen Maßnahmen zu ergreifen. Denn mit der Anmahnung der Rückstände allein ist die Aufgabe nicht erfüllt. In den meisten Genossenschaften besteht die Vorschrift, daß die säumigen Mitglieder nach entsprechender Zeit auszuschließen sind. Auch diese Vorschrift ist zu beachten. Wenn der Ausschluß durch die Generalversammlung zu erfolgen hat, dann ist es nötig, derselben die erforderlichen Vorschläge hierfür zu machen. Abgesehen von einzelnen Ausnahmen, welche stattgreifen können, ist es durchaus unrichtig, nach dieser Richtung besondere Rücksichten zu nehmen etwa in der Erwägung, daß zahlreiche Ausschließungen den Kredit der Genossenschaft schädigen können. Man findet mitunter in Genossenschaften

Mitglieder, welche nur die erste Monatseinzahlung geleistet haben und sich nicht mehr als Mitglieder betrachten, wenn ihnen vielleicht der beantragte Kredit nicht gewährt worden ist oder sie sonst ihre Wünsche nicht erfüllt gesehen haben. Solche Mitglieder bilden einen unnützen Ballast für die Genossenschaft und da in diesen Fällen die Haftpflicht meist auch nur auf dem Papier steht, nützen sie der Genossenschaft nichts, weshalb es richtiger ist, sie auszuschließen, wenn eine Aufforderung zum freiwilligen Austritt erfolglos bleibt. (Die für beide Teile nicht angenehme Maßnahme des Ausschlusses kann man oft dadurch verhüten, daß man dem betr. Mitgliede anheimgibt, seinen Austritt zu erklären.)

Daß es möglich ist, in dieser Beziehung Pünktlichkeit zu erzielen, beweisen einige sehr große Genossenschaften, bei denen fast keine Rückstände vorkommen, während mitunter benachbarte Genossenschaften, die unter ähnlichen Verhältnissen arbeiten, sehr über Rückstände zu klagen haben. Es liegt daher nur an der Geschäftshandhabung und der Aufsichtsrat darf sich nicht durch Einwendungen und Bedenken des Vorstandes abhalten lassen, auf Ordnung und Pünktlichkeit auch in dieser Richtung zu dringen.

Fremde Gelder.

Es ist zweckmäßig, daß schon im Laufe des Jahres die Annahme fremder Gelder einer Kontrolle unterworfen wird, weil auch hierbei mancherlei zu beachten ist. Über die Grundsätze für Annahme von fremden Geldern ist bereits S. 37 gesprochen worden. Bei der Annahme von Anleihen gegen Schuldscheine ist darauf zu achten, daß in den Schuldscheinen sowie in den Büchern des Vereins die Verzinsung und Kündigungsfrist stets genau zu ersehen ist. Unzweckmäßig ist es, auf alten Schuldscheinen neue Einlagen zu quittieren, weil dadurch die Übersicht leidet. Für eine neue Einlage sollte stets ein besonderer Schuldschein ausgestellt werden. Eine Prüfung der Ordnungsmäßigkeit geschieht in der Weise, daß vom Aufsichtsrat die zurückgezahlten Schuldscheine, welche stets quittiert im Besitz des Vereins sein müssen, mit den Konten genau auf Kapital- und Zinsbetrag verglichen werden. Für die teilweisen Rückzahlungen sind Kassenquittungen zu verlangen. Besonderes Augenmerk ist darauf zu richten, daß die Schuldscheine auch stets die erforderlichen Vorstandsunterschriften tragen. Wenn dies nicht regelmäßig der Fall ist, vielmehr ein erheblicher Teil der Einlagen nur die Quittung eines Vorstandsmitgliedes aufweist, dann muß angenommen werden, daß die Annahme von Geldern außerhalb der Geschäftsstunden erfolgt oder daß die letzteren von den dazu bestimmten Vorstandsmitgliedern nicht pünktlich eingehalten werden. Der Aufsichtsrat hat dann die erforderlichen Maßnahmen zur Abstellung des ungesetzlichen Zustandes zu ergreifen.

Die Prüfung der Spareinlagen erfolgt in gleicher Weise, wie diejenige der Anleihen, indem die vollständig zurückbezahlten Spareinlagen mit den zurückgegebenen Büchern verglichen werden. Auch hier wird sich ohne Schwierigkeit die Quittungsleistung bei Auszahlungen einführen lassen, da dem Empfänger des Geldes leicht begreiflich gemacht werden kann, daß der Verein über jede Auszahlung eine Quittung haben muß und daß die Eintragung in das Gegenbuch für den Verein selbst keine Quittung ist.

Der Scheckverkehr ist jetzt durch das Scheckgesetz vom 11. März 1908 geregelt. Dadurch sind einige Abweichungen von der früheren Handhabung eingetreten, deren wesentlichste in der Bestimmung liegt, daß ein Scheck bei Verlust des Regreßrechtes innerhalb 10 Tagen von der Ausstellung zur Zahlung präsentiert werden muß. Bei einiger Aufmerksamkeit ist es nicht schwer, dieser Bestimmung gerecht zu werden, kommt ein Scheck nach späterer Zeit in die Hände eines Vereins, so muß dieser seinem Vormanne gegenüber die Verantwortlichkeit für rechtzeitige Präsentation ablehnen. Für die Genossenschaften von besonderer Wichtigkeit ist die Bestimmung, wonach unter „Guthaben“ auch der Kredit zu verstehen ist, welcher einem Kunden eingeräumt ist. Da die Genossenschaften nur mit Mitgliedern im Kreditverhältnis arbeiten dürfen, anderseits aber kein Bedenken besteht, auch Nichtmitglieder an dem Scheckverkehr des Vereins teilnehmen zu lassen, so ergibt sich, daß für Nichtmitglieder unbedingt ein besonderes Scheckkonto zu führen ist, während für Mitglieder der Scheckverkehr auch über laufende Rechnung geführt werden kann. Ich halte es indes für wünschenswert, daß auch für die Mitglieder ein Scheckkonto geführt wird, auf welches je nach Bedarf die als Kredit eingeräumten Beträge übertragen werden. Der Aufsichtsrat hat zu prüfen, daß die Scheckkonten nicht überzogen werden und daß auch die übrigen Bestimmungen, welche durch Gesetz oder sonstige Spezialvorschriften gegeben sind, eingehalten werden.

Unvermutete Revisionen.

Außer den ordentlichen Revisionen, bei welchen das gesamte Geschäft einer systematischen Kontrolle unterzogen wird, ist es notwendig, auch außerordentliche Revisionen vorzunehmen, deren Zeitpunkt dem Vorstande vorher nicht bekannt gegeben werden darf. Mindestens sollten jährlich 2—3 solcher unvermuteten Revisionen stattfinden, damit auf diese Weise festgestellt werden kann, ob die Geschäftsführung auch zu jeder Zeit in Ordnung ist und nicht etwa nur für die im voraus festgesetzten ordentlichen Revisionen in Ordnung gebracht wird. In erster Linie ist bei den unvermuteten Revisionen Kassensturz vorzunehmen, sie dürfen sich aber nicht darauf beschränken, sondern auch die sonstigen Werte an Effekten und Wechseln usw. müssen unverhofft revidiert werden, desgl. stichprobenweise auch die Buchführung und Korrespondenz. In dieser Weise bilden die außerordentlichen Revisionen eine zweckmäßige Ergänzung der ordentlichen Revisionstätigkeit und ein Glied in der Kette der vom Aufsichtsrat auszuübenden Funktionen.

IV. Bilanzprüfung.

Den Schlußstein der Revision des Aufsichtsrates und gleichzeitig den schwerwiegendsten Teil bildet die Bilanzprüfung, weil die Bilanz den Maßstab in der Öffentlichkeit für die Beurteilung der Grundlage eines Vereins bildet. Durch die gesetzlich vorgeschriebene Veröffentlichung der Bilanz nebst Mitgliederbewegung und Haftsumme werden der Öffentlichkeit Zahlen übergeben, für deren Richtigkeit der Aufsichtsrat infolge der ihm obliegenden Prüfungspflicht einstehen muß. Um dies zu können, genügt es nicht, einfach die Endergebnisse des Hauptbuches oder die Zusammenstellung der Kasseneinnahmen und -ausgaben mit der aufgestellten Bilanz zu vergleichen und diese Übereinstimmung, die im Grunde genommen wenig bedeutet, zu bescheinigen. Der Aufsichtsrat muß auf die einzelnen Konten und Unterlagen eingehen, er darf nicht nur die formelle Richtigkeit, sondern muß vielmehr die materielle Einwandfreiheit der einzelnen Bilanzpositionen genau prüfen, wenn er seiner Aufgabe gerecht werden will. Dazu ist es notwendig, daß bei dieser Gelegenheit das gesamte Geschäft revidiert wird, was an der Hand der übersichtlichen Aufstellung und geordneten Unterlagen leichter möglich ist, wie im Laufe des Jahres, wo die Konten nicht abgeschlossen und die Werte nicht einzeln aufgenommen sind.

Wie bei jedem Warengeschäft so bildet auch bei der Kreditgenossenschaft die Inventur das Beweismittel für die Richtigkeit der Bilanz. Es würde eine ganz unzulängliche Arbeit sein, wenn der Aufsichtsrat die Richtigkeit der Bilanz nur nach den Büchern prüfen wollte, ohne sich zu überzeugen, ob die darin ausgewiesenen Werte auch wirklich vorhanden sind. Diese Überzeugung kann der Aufsichtsrat aber nicht gewinnen, wenn er bei der Bilanzprüfung, die infolge der Abschlußarbeiten immer erst einige Zeit nach Jahresschluß erfolgen kann, die noch vorhandenen Werte prüft. Es ist vielmehr notwendig, daß sich der Aufsichtsrat bei der Aufnahme der Werte selbst, welche am Schlusse des Geschäftsjahres stattzufinden hat, beteiligt. Diese Tätigkeit ist so notwendig, daß sie selbst da, wo sie nicht durch Statut oder Geschäftsanweisung direkt vorgeschrieben ist, nicht unterlassen werden darf. Die Prüfung der Bilanz teilt sich sonach in folgende 3 Hauptarbeiten:

1. Inventuraufnahme,
2. Prüfung der technischen Aufstellung nach den Büchern und
3. Prüfung der Bilanzposten in materieller Beziehung.

Inventuraufnahme.

Die Inventuraufnahme hat, wie bereits erwähnt, direkt am Jahresschlusse zu erfolgen. Es ist zweckmäßig, daß der Vorstand die Aufnahme der Werte vorbereitet, so daß der Aufsichtsrat an Hand der bereits gemachten Aufnahmen die einzelnen Werte vergleicht. Da die Prüfung auf die Richtigkeit später nach den Büchern erfolgt, so ist bei der Inventuraufnahme ein Eingehen auf die Buchungen nicht erforderlich, was die Arbeit wesentlich erleichtert. Zweckmäßig ist es, daß für die Aufnahme einzelne Kommissionen gebildet werden, welche die Arbeit nebeneinander vornehmen. Zunächst ist der Kassenbestand aufzunehmen, indem der vorhandene Barvorrat nachgezählt und festgestellt wird. Da die Kasse unbedingt am Schlusse des Geschäftsjahres abgeschlossen werden muß, so wird sich in seltenen Fällen eine Abweichung von dem Bilanzsaldo ergeben. Es kann allerdings vorkommen, daß nach der Aufnahme noch einzelne Auszahlungen an Gehältern oder sonstigen Unkosten für das alte Jahr geleistet werden. Dann ist die Abweichung später bei dem Protokoll über die Bilanzprüfung festzustellen und zu erläutern. Keinesfalls darf der Aufsichtsrat dulden, daß nachträglich noch, wie es mitunter monatelang geschieht, Zinsen in alter Rechnung vereinnahmt und zur Kasse gezählt werden. Das gleiche gilt davon, daß etwa Restzinsen zum Kassenbestande gezählt werden. Denn in diesem Falle erscheinen liquide Werte in der Bilanz, die zu dem Zeitpunkte, für welchen die Bilanz aufgestellt ist, noch nicht vorhanden waren

(§ 40 HGB.). Das Offenhalten der Kasse über Jahresschluß hinaus wird oft mit allen möglichen Zweckmäßigkeitsgründen vom Vorstande zu verteidigen gesucht, die aber nicht durchschlagen können gegenüber der klaren gesetzlichen Bestimmung. Ich kann auch keine Gründe der Zweckmäßigkeit hierfür anerkennen, denn die einfachste Handhabung bietet immer der korrekte Abschluß am Jahresschluß. Wenn man das Kind beim richtigen Namen nennen will, so soll doch immer durch das nachträgliche Vereinnahmen von Zinsen oder sonstigen Geldern die Bilanz gewissermaßen „frisiert" werden.

Sodann sind die Wertpapiere, Wechsel, Schuldscheine und sonstigen Werte einzeln aufzunehmen bzw. nach den vorbereiteten Aufnahmen mit den wirklichen Beständen zu vergleichen. Es ist nicht notwendig, daß die einzelnen Aufnahmen sofort addiert werden, diese Arbeit kann, wenn der Aufsichtsrat ein Exemplar der Aufnahme in Besitz genommen hat, später erfolgen, es muß nur Vorsorge getroffen werden, daß seitens des Vorstandes keine Veränderung stattfinden kann. Deshalb ist es auch nicht richtig, die vom Vorstande gemachte Aufnahme etwa nur stichprobenweise zu prüfen, vielmehr müssen bei der Inventuraufnahme sämtliche Werte einzeln aufgenommen und geprüft werden. Die Wertpapiere sind genau nach Gattung, Nennwert, Nummer zu verzeichnen. Bei den Wechseln und Schuldscheinen ist Nummer, Betrag und Fälligkeit bzw. Zinslauf anzugeben, bei Vorschußwechseln ist außerdem noch die Angabe des Schuldners zweckmäßig. Die Übersicht der Inventuraufnahme wird durch Anwendung zweckmäßiger Formulare — am besten mit Vordruck — erleichtert. Außer den vorgenannten sind auch die sonstigen eigenen Bestände an greifbaren Werten, also Kupons, eigene Hypotheken und sonstige Urkunden aufzunehmen. Die fremden Depots und Pfänder bedürfen der Inventuraufnahme nicht, da sie nicht zu dem Vermögensstand der Genossenschaft gehören, sondern nur zur Sicherung desselben dienen oder auch dafür nicht in Frage kommen. Wenn aber auch die Depots nicht für die Bilanz in Frage kommen, so ist es doch zweckmäßig, eine Prüfung derselben bei dieser Gelegenheit vorzunehmen, damit es ausgeschlossen ist, daß dem Aufsichtsrate etwa fremde Werte als eigene vorgelegt werden. Die Depots können im Anschluß an die Aufnahme der Wertpapiere an der Hand des Depotverzeichnisses geprüft werden.

Die Aufnahme der sämtlichen greifbaren Aktivwerte ist in einem Protokoll festzulegen, welches dann die Grundlage für die rechnerische Prüfung der Bilanz bildet. Etwaige Abweichungen sind in dem Protokoll über Prüfung der Bilanz aufzuklären und zu begründen. Es könnte z. B. vorkommen, daß in der Aufnahme Additionsfehler enthalten waren, welche in dieser Weise aufzuklären sind.

Prüfung der Bilanzaufstellung.

Nachdem die Inventur vollständig aufgenommen worden ist, ruht die weitere Prüfung, bis der Vorstand den Abschluß der Bücher beendet und die Bilanz nebst Gewinn- und Verlustrechnung aufgestellt hat. Oft ist in den Statuten oder der Geschäftsanweisung festgesetzt, daß die Bilanz dem Aufsichtsrat innerhalb einer bestimmten Frist vorzulegen ist. Auf Einhaltung dieser Frist muß geachtet werden. Aber auch in Fällen, wo diese Vorschrift nicht besteht, sollte der Aufsichtsrat darauf dringen, daß die Bilanz so schnell wie möglich aufgestellt wird. Keinesfalls sollte damit die gesetzliche Frist von 6 Monaten abgewartet werden. Bei einem ordnungsmäßigen Geschäftsbetriebe muß die Bilanz innerhalb 2—3 Monaten fertiggestellt werden können. Wo dies nicht der Fall ist, liegen Mängel in der Organisation vor. Entweder sind die bücherlichen Einrichtungen nicht auf der Höhe oder der Vorstand ist seiner Sache nicht gewachsen. Bei kleinen Vereinen, bei denen die Vorstandsmitglieder nebenamtlich tätig sind, wird eine gewisse Rücksicht genommen werden können. Wenn aber die Arbeit zu umfangreich ist und sich schwer neben einer sonstigen beruflichen Tätigkeit bewältigen läßt, dann sollte der Aufsichtsrat für Hilfskräfte sorgen. Die dadurch verursachte Mehrausgabe kommt dem Verein in anderer Weise wieder zustatten. Denn eine späte Bilanzveröffentlichung wirft immer ein ungünstiges Licht auf den Verein selbst. Nicht nur in kleinen, sondern auch in größeren Genossenschaften, wo die Vorstandsmitglieder berufsmäßig angestellt sind, kommt es vor, daß die Bilanz erst kurz vor Ablauf der gesetzlichen Frist zur Vorlage kommt. Die Erfahrung hat aber gelehrt, daß dann in der Regel etwas nicht in Ordnung war. Entweder ist der Vorstand nicht auf seinem Posten oder er hat ein Interesse daran, die Bilanzaufstellung hinauszuziehen, um die ursprünglichen Geschäftsverhältnisse zu verwischen. Im Interesse einer durchgreifenden Kontrolle schon ist es wichtig, daß auf eine beschleunigte Vorlegung der Bilanz gedrungen wird.

Die Aufstellung einer ordnungsmäßigen Bilanz nebst Gewinn- und Verlustrechnung bietet oft den Vorstandsmitgliedern Schwierigkeiten, denn es fehlt ihnen häufig an der nötigen Vorbildung und Schulung. Noch viel schwieriger ist es mitunter dem Aufsichtsrat, die vielleicht etwas kompliziert aufgestellte Jahresrechnung zu prüfen. Deshalb ist es wünschenswert, daß die Jahresrechnung so klar und übersichtlich wie möglich ist, wodurch gleichzeitig die Beurteilung in der Öffentlichkeit erleichtert wird. Gerade bei der Öffentlichkeit der Bilanz ist es notwendig, daß keinerlei Unklarheiten vorhanden sind, welche einer falschen Beurteilung ausgesetzt sind.

Um die Bilanz sachgemäß prüfen zu können, ist es notwendig, daß sich der Aufsichtsrat über die Art ihrer Aufstellung vorher eingehend unterrichtet, weshalb im folgenden einige Grundzüge in die Besprechung miteinbezogen werden sollen. Bei der einfachen Buchführung ist eine durchgreifende Revision nur durch vollständiges Vergleichen der gesamten Buchungen und Übertragungen, Prüfung der Additionen und aller Einzelposten in den bücherlichen Auszügen möglich. Eine vollständige Sicherheit für die Richtigkeit der Bilanz ist aber auch dadurch noch nicht gegeben, weil ein Nachweis für die Richtigkeit des Geschäftsergebnisses durch das Gewinn- und Verlustkonto fehlt. Der Überschuß oder Verlust wird durch Gegenüberstellung der Aktiva und Passiva berechnet. Sind in den Einzelnachweisen Irrtümer enthalten, welche bei der Kontrolle nicht bemerkt worden sind, dann ist das Ergebnis unrichtig, ohne daß der Fehler überhaupt bemerkt wird. Für die Ordnungsmäßigkeit und Prüfung der Rechnungslegung ist daher die doppelte Buchführung erforderlich.

Bei Prüfung der nach diesem System aufgestellten Bilanz geht der Aufsichtsrat zweckmäßig von der Rohbilanz per 31. Dezember aus. Oft kann der Vorstand das Ergebnis der Bilanz nicht mit dem Saldo des Gewinn- und Verlustkontos in Übereinstimmung bringen, weil bei der Zusammenstellung irgendein Rechenfehler unterlaufen ist. Dabei kann es dann leicht passieren, daß der Vorstand, namentlich wenn die Abweichung per Saldo nur gering ist, die Übereinstimmung durch Veränderung von Zahlen herbeiführt. Solche Differenzen können nicht entstehen, wenn der Vorstand zunächst eine Rohbilanz aufstellt und erst, wenn diese stimmt, d. h. wenn Aktiva und Passiva gleich sind, ist die Gewißheit vorhanden, daß die für die Bilanz sich ergebenden Buchsalden richtig sind. Nimmt man eine Abstimmung einzelner Hauptkonten mit den Beständen oder Auszügen einseitig vor, dann kann es vorkommen, daß der berechnete Bilanzsaldo unrichtig ist, weshalb eine Vergleichung mit der Bestandaufnahme dann ein unzutreffendes Ergebnis zeitigt. Der Vorstand kann sich daher viel Arbeit und Verdruß ersparen, wenn er die Aufstellung der Jahresrechnung mit der üblichen Aufstellung einer Rohbilanz beginnt. Auf der Grundlage der Rohbilanz ist dann die Prüfung der eigentlichen Bilanz und des Gewinn- und Verlustkontos durch den Aufsichtsrat nicht schwer.

Die Bilanz und das Gewinn- und Verlustkonto sind in der Rohbilanz vollständig enthalten. Eine Trennung geschieht in der Weise, daß man aus der Rohbilanz alle Posten, welche weder einen Aktiv- noch einen Passivposten darstellen, aussondert und besonders zusammenstellt. Dann bleibt von der Rohbilanz die Bilanz übrig mit einem Saldo zwischen Aktiva und Passiva, welcher sich mit demjenigen Saldo genau deckt, welchen die Gegenüberstellung der ausgesonderten Einnahme- und Ausgabeposten (Gewinne und Verluste) ergibt. Zur Veranschaulichung diene das frühere einfache Beispiel (S. 46) durch einige Posten erweitert:

Rohbilanz am 31. Dezember.

	Soll	Haben
Kassakonto . . .	2137 Mk.	
Vorschußkonto . .	63440 „	
Wechselkonto . .	74902 „	
Geschäftsguthaben .		20524 Mk.
Reservefonds . .		8218 „
Spareinlagekonto .		110401 „
*Zinsenkonto . . .	3085 „	5721 „
*Verwaltungskosten .	1310 „	10 „
	144874 Mk.	144874 Mk.

Die mit * bezeichneten Konten enthalten diejenigen Einnahmen und Ausgaben, aus welchen sich Gewinn und Verlust berechnet. Die Bilanz und Gewinn- und Verlustrechnung stellt sich nach obigem Beispiel wie folgt:

Bilanz.

Aktiva		Passiva	
Kassakonto . . .	2137 Mk.	Geschäftsguthaben	20524 Mk.
Vorschußkonto . .	63440 „	Reservefonds . .	8218 „
Wechselkonto . .	74902 „	Spareinlagekonto	110401 „
		Reingewinn . .	1336 „
	140479 Mk.		140479 Mk.

Gewinn- und Verlustkonto.

Einnahme		Ausgabe	
Zinsen	5721 Mk.	Zinsen	3085 Mk.
Verwaltungskosten .	10 „	Verwaltungskosten .	1310 „
		Reingewinn . .	1336 „
	5731 Mk.		5731 Mk.

Die rückständigen Zinsen werden in der Weise berücksichtigt, daß der Betrag derselben unter Aktiva in die Bilanz und als Einnahme in das Gewinn- und Verlustkonto eingesetzt wird. In dem letzteren werden die Einnahmen und Ausgaben in der Regel zur besseren Übersicht getrennt angegeben.

Wenn der Aufsichtsrat in dieser Weise bei seiner Prüfung zu Werke geht, dann spart er sich viel Rechenarbeit. Die Prüfung ist gründlich und führt unbedingt zur Aufdeckung der etwa in der technischen Zusammenstellung der Bilanz und Gewinn- und Verlustrechnung enthaltenen Fehler. Von Wichtigkeit ist dabei ferner, daß die einzelnen Zahlen der Grundbücher bzw. des Hauptbuches in der Zusammenstellung wiederkehren, so daß dieselben leicht auf ihren Ursprung geprüft werden können. Mitunter findet man in Geschäftsberichten Zahlen angegeben, welche später nur mit großer Mühe auf ihren Ursprung zurückgeführt werden können, für welche mitunter sogar der Vorstand keine korrekte Erklärung mehr geben kann. Es ist eine ganz wichtige Aufgabe des Aufsichtsrates, den zu veröffentlichenden Geschäftsbericht ebenfalls mit den Grundlagen zu vergleichen, damit er sicher ist, daß der Öffentlichkeit keine Unrichtigkeiten übergeben werden. Der Geschäftsbericht muß klar und so abgefaßt sein, daß sich die Mitglieder und sonstige Interessenten daraus ohne große Mühe ein Bild über die gesamte Vereinstätigkeit machen können. Namentlich muß auch ein Fernstehender in der Lage sein, auf Grund der Geschäftsberichte die richtige Aufstellung der Bilanz prüfen zu können.

Es liegt in der Natur der Sache, daß sich die rechnerische Prüfung der Jahresrechnung nicht auf die Bilanz beschränkt, sondern auch auf die Gewinn- und Verlustrechnung erstreckt. Nachdem die technische Aufstellung geprüft worden ist, hat die Prüfung der Buchungen selbst auf ihre Unterlagen zu erfolgen. Es ist also festzustellen, ob die Buchungen, welche für die Aufstellung der Jahresrechnung gedient haben, auch nach ihren Unterlagen richtig sind. Diese Prüfung erfolgt in der Weise, wie sie im Abschnitt II geschildert worden ist. Sie hat sich auf alle Teile der Buchführung und des Rechnungswesens zu erstrecken, so daß also nicht nur die Bilanz selbst, sondern auch das Gewinn- und Verlustkonto dadurch eingehend revidiert wird.

Prüfung der Bilanzanlagen.

Nach der rechnerischen Prüfung der Bilanzaufstellung folgt die Prüfung der Bilanzposten durch Vergleich mit den Anlagen zur Bilanz. Die letzteren bestehen teils in der Aufzeichnung der vorhandenen Werte, teils in den Auszügen aus den Büchern. Es ist als Grundsatz festzuhalten, daß für jeden Bilanzposten ein Spezialnachweis vorhanden sein muß. Für alle greifbaren Werte, also für Kasse, Wertpapiere, Wechsel usw. bildet die Inventuraufnahme die Grundlage hierfür. Es ist also zu vergleichen, ob die Beträge, wie sie sich aus den Büchern ergeben haben, mit den durch die Inventur nachgewiesenen Beständen übereinstimmen. Etwaige Abweichungen müssen nachgewiesen werden. Sind für einzelne Gattungen von greifbaren Werten besondere Konten vorhanden, dann muß der Auszug (Zusammenstellung derselben) sowohl mit der Inventuraufstellung wie mit dem Bilanzsaldo des betr. Gesamtkontos übereinstimmen. Beispielsweise wird dies beim Vorschußkonto vorkommen, für welches in der Regel Personalkonten geführt werden. Die Zusammenstellung der Salden dieser Konten muß mit der Summe der durch die Inventur festgestellten Vorschußwechsel oder -schuldscheine und mit dem Saldo, welchen die Bilanz für das gesamte Vorschußkonto ergibt, übereinstimmen.

Die übrigen Bilanzposten, welche nicht durch die Inventur nachgewiesen sind, müssen durch Auszüge aus den Büchern belegt sein. Deshalb müssen zunächst sämtliche Konten nach Jahresschluß abgeschlossen werden. Für die verschiedenen Geschäftszweige werden getrennte Aufstellungen gemacht, damit jeder Geschäftszweig einzeln nach den Auszügen und Büchern geprüft werden kann. Die Auszüge sind zunächst daraufhin zu prüfen, ob das Endergebnis mit dem Bilanzsaldo übereinstimmt. Die Bilanz kann nicht eher als richtig angesehen werden, als bis diese Übereinstimmung durch Aufklärung etwa vorhandener Differenzen erreicht ist. In der Praxis geht der Aufsichtsrat oft über diesen Punkt zu sorglos hinweg. Selbst hinter kleinen Abweichungen per Saldo können größere Einzeldifferenzen verborgen sein. Deshalb darf sich der Aufsichtsrat nicht mit einer Feststellung der Übereinstimmung zwischen Bilanz und Auszug begnügen, sondern er muß sich durch genaues Vergleichen des Auszuges mit den Personalkonten und durch Prüfung der Addition von der Richtigkeit desselben überzeugen. Bei kleineren Vereinen ist es zweckmäßig, diese Prüfung auf jeden Posten auszudehnen, während sich der Aufsichtsrat bei umfangreicherem Geschäftsbetriebe auf Stichproben beschränken kann, die aber so zahlreich sein müssen, daß er dadurch die Überzeugung der Richtigkeit des Auszuges erlangt. Eine bestimmte Richtschnur läßt sich hier nicht geben. Es muß vielmehr dem Aufsichtsrat überlassen bleiben, zu beurteilen, wie weit er diese Prüfung auszudehnen hat. Bemerkt er bei einer stichprobenweisen Prüfung auch nur kleine Abweichungen, dann wird er sich eingehender mit der Sache zu beschäftigen haben. Daß die Prüfung der Bücherauszüge bei Revision der Jahresrechnung durch den Aufsichtsrat aufs genaueste vorzunehmen ist, hat u. a. die Revisorenkonferenz in Danzig (1903) zum Ausdruck gebracht. Denn wenn sich der Aufsichtsrat nicht überzeugt, daß die Auszüge aus den Büchern richtig sind, kann er nicht mit gutem Gewissen die Richtigkeit der Bilanz bzw. die Übereinstimmung derselben mit den Büchern bescheinigen.

Bei denjenigen Konten, für welche Inventurnachweise vorhanden sind, genügt es, die Einzelsalden mit der Einstellung in den Auszug zu vergleichen und die Addition zu prüfen, weil die Nachweise der Außenstände durch die vorhandenen Urkunden gegeben sind. Beim Kontokorrentverkehr dagegen sind solche Nachweise nur durch die Saldoanerkenntnisse zu erlangen, auf deren Beibringung mit Energie zu dringen ist. Es ist eine allgemeine Klage, daß die Anerkenntnisse zum Teil recht säumig eingehen. Da sie aber eine wesentliche Grundlage für die Prüfung der Bilanz und als Schuldanerkenntnis für einen Streitfall bilden, so sollte stets, selbst unter Androhung der Kreditkündigung, darauf gehalten werden, daß die Anerkenntnisse beigebracht werden. Für das Kontokorrent kommen aber nicht nur Außenstände, sondern auch Schulden in Frage, deren Prüfung ebenso wichtig, wie diejenige der ersteren ist. Denn wenn über die Schulden keine Nachweise vorhanden sind, dann weiß der Aufsichtsrat auch nicht, ob alle Zahlungen richtig gebucht sind. Der Vorstand könnte, wenn er weiß, daß auf die Anerkenntnisse der Kreditsalden kein besonderer Wert gelegt wird, Einnahmen nicht buchen, ohne daß dann der Aufsichtsrat Kenntnis davon bekäme. In den Kontokorrentbedingungen ist vorzusehen, daß die Konten halbjährlich abgeschlossen werden und daß über den verbleibenden Saldo ein Anerkenntnis zu geben ist. Die Zusammenstellung der Kontokorrentaußenstände und -schulden ist sorgfältig mit den Konten zu vergleichen, ferner müssen die einzelnen Konten in sich durch Vergleich der Belege, Addition usw. geprüft werden. Dabei ist auch gleich zweckmäßig eine Kontrolle der Zins- und Provisionsberechnung stichprobenweise vorzunehmen.

Wie die Auszüge für die Aktiva, so sind auch diejenigen der Passiva eingehend zu prüfen.

Zunächst ist zu beachten, ob die Verteilung des Reingewinns nach den Beschlüssen der Generalversammlung stattgefunden hat, sofern diese Prüfung nicht bereits im Laufe des Jahres stattgefunden hat. Dazu gehört die Zuschreibung zu den Reserven, wobei weiter zu prüfen ist, ob von den Einnahmen die von Reserven statutenmäßig vorgesehenen Zuwendungen, z. B. der Eintrittsgelder, gemacht worden sind. Bei dem Konto der Geschäftsguthaben ist zunächst zu prüfen, ob die Dividenden richtig berechnet und zugeschrieben sind und ob die Beträge der Einzelkonten richtig in die Zusammenstellung aufgenommen sind. Bei dieser Gelegenheit kann auch gleich eine Prüfung der etwa vorhandenen Rückstände an Einzahlungen zu den Geschäftsanteilen vorgenommen werden.

Die Prüfung der Spareinlagen und Anleihen bietet gewisse Schwierigkeiten, weil dafür in der Regel keine Urkunden vorhanden sind. Dennoch ist es notwendig, daß auch nach dieser Richtung hin eine möglichst eingehende Prüfung vorgenommen wird. Zunächst ist selbstverständlich die Aufstellung mit den Einzelkonten zu vergleichen. Da bei den Spareinlagen viele kleine Beträge in Frage kommen, entstehen hierbei auch leicht Differenzen. Es ist daher zweckmäßig, die Aufstellung so durch den Vorstand anfertigen zu lassen, daß der alte Bestand, Einnahme, Ausgabe und Zinsengutschrift, getrennt darin angegeben sind und abgestimmt werden können. Die Schreibarbeit ist hierbei zwar größer, wird aber reichlich aufgewogen durch das leichtere Auffinden von Differenzen und die größere Übersichtlichkeit. Um sich von der Richtigkeit der Konten zu überzeugen, ist es notwendig, daß der Aufsichtsrat auch Einsicht von den Gegenbüchern nimmt, die sich in den Händen der Einleger befinden. Da gerade auf diesem Gebiete oft größere Unregelmäßigkeiten vorgekommen sind, so sind verschiedene Wege ergriffen worden, um eine möglichst eingehende Kontrolle ausüben zu können. Verschiedene Vereine sind dazu übergegangen, das Verzeichnis der Einlagen nach Nummer und Betrag zu veröffentlichen. In diesem Falle ist es Aufgabe des Aufsichtsrats, zu prüfen, ob sich das zu veröffentlichende Verzeichnis mit den Konten in Übereinstimmung befindet. Das Verfahren verdient entschieden Beachtung, nur ist dabei nicht zu vergessen, daß die Veröffentlichung, die meist im Geschäftsbericht geschieht, in der Regel nur in die Hände der Mitglieder kommt, während zu den Einlegern vielfach Nichtmitglieder zählen, welche keine Kenntnis davon erlangen. Ein absolutes Mittel gegen Veruntreuungen bietet also auch die Veröffentlichung der Einlagen nicht. Es empfiehlt sich deshalb in allen Fällen, daß der Aufsichtsrat möglichst Einsicht von den Spareinlagebüchern selbst nimmt. Bei einzelnen Vereinen ist es eingeführt, daß die Sparbücher jährlich zur Beischreibung der Zinsen eingereicht werden müssen. In diesem Falle ist der Aufsichtsrat sehr leicht in der Lage, an der Hand der vorliegenden Bücher die Konten zu vergleichen. Die Einleger gewöhnen sich übrigens sehr gut an diese Einrichtung, namentlich wenn die Bücher von dem Boten des Vereins gegen Quittung abgeholt werden. Verpflichten kann man allerdings niemand, sein Buch aus der Hand zu geben. Wo die Bücher nicht zur Stelle sind, ist es zweckmäßig, daß vom Aufsichtsrat einzelne Mitglieder sich in den Geschäftsstunden einfinden und unauffällig die vorkommenden Bücher mit den Konten vergleichen. In gleicher Weise können auch die Schuldscheine über aufgenommene Anleihen geprüft werden.

Die Scheckkonten sind wie laufende Rechnung zu behandeln, so daß für die Salden am Jahresschluß Anerkenntnisse zu verlangen sind.

Der Bankverkehr wird nach den Auszügen, welche die Großbanken halbjährlich einsenden, geprüft. Wenn auch dieser

Geschäftsverkehr bereits im Laufe des Geschäftsjahres geprüft worden ist, so ist trotzdem noch gelegentlich der Bilanzprüfung eine sorgfältige Revision der Bankkonten an Hand der Auszüge vorzunehmen. Die Auszüge stimmen nicht immer in dem ausgewiesenen Saldo mit den Büchern der Genossenschaft überein, weil die letzten Buchungen des Jahres verschieden in alter und neuer Rechnung vorgenommen werden können. Wenn z. B. die Dresdner Bank am 31. Dezember Inkassowechsel an die Genossenschaft sendet, so erscheint die Buchung hierüber in dem Bankauszuge noch im Dezember, während die Wechsel bei der Genossenschaft erst Anfang Januar ankommen und daher im neuen Jahre gebucht werden. Derselbe Fall kann umgekehrt eintreten. Wo es die bücherlichen Einrichtungen zulassen, kann man solche Posten noch in alter Rechnung buchen, um die bücherliche Übereinstimmung mit dem Bankauszuge herbeizuführen. Es ist indes für das Rechnungswesen ohne Bedeutung, wenn nach dieser Richtung Abweichungen bestehen, nur müssen dieselben im einzelnen nachgewiesen sein, weshalb es zweckmäßig ist, die einzelnen Posten, welche beiderseitig zu berücksichtigen sind, auf den Auszügen zu kennzeichnen, damit dem Aufsichtsrat die Prüfung des oft recht komplizierten Abschlusses erleichtert wird. Zinsen und Provisionen, sowie alle sonstigen Posten, welche das Gewinnergebnis beeinflussen, müssen unbedingt noch bei dem Abschluß berücksichtigt werden. Der Aufsichtsrat darf sich nicht mit der Angabe des Vorstandes begnügen, daß etwaige Abweichungen auf die Abschlußbuchungen zurückzuführen sind, er muß sich überzeugen, ob die Buchungen auch wirklich in Ordnung sind. Erscheint z. B. in dem Bankauszuge eine Belastung für eine Barsendung unterm 30. Dezember, so muß das Geld entweder noch im alten Jahre in Einnahme gestellt und der Bank gutgeschrieben sein oder als unterwegs befindlich erst im neuen Jahre in Einnahme kommen. Bei solchen Sendungen am Jahresschluß, sei es von der Genossenschaft oder an dieselbe, ist die größte Aufmerksamkeit am Platze, weil dadurch leicht Unregelmäßigkeiten verdeckt werden können. Angenommen, ein Verein läßt sich zum Jahresschluß Geld von der Bank schicken, so kann der Vorstand dieses Geld unter Umständen bei der

Inventuraufnahme bereits in Händen haben, ohne daß es gebucht ist und es dem Aufsichtsrat bei der Kassenaufnahme vorlegen. Wenn dann die Buchung am 2. Januar gemacht wird, erscheint alles in Ordnung, obgleich tatsächlich eine Täuschung stattgefunden hat. Daher ist es in allen Fällen, wo Barsendungen am Schlusse des Jahres erfolgt sind, zweckmäßig, alsbald einen neuen unvermuteten Kassensturz vorzunehmen, wobei sich etwaige Differenzen ergeben werden. Es handelt sich bei dieser genauen Prüfung nicht um ein Mißtrauen dem Vorstande gegenüber, sondern lediglich um die exakte Ausübung der gesetzlich vorgeschriebenen Revisionspflicht des Aufsichtsrats. Überhaupt mag hier hervorgehoben werden, daß es ganz unrichtig ist, wenn der Aufsichtsrat sich scheut, die Revisionen in ausgedehnter Weise vorzunehmen in der Befürchtung, damit bei dem Vorstande Ärgernis zu erregen. Der Vorstand hat seinerseits keine Veranlassung, die Revisionstätigkeit des Aufsichtsrats als Mißtrauen aufzufassen. Denn wenn seine Geschäftsführung in Ordnung ist, dann wird dies durch die Revision bestätigt werden, zeigt die Geschäftsführung aber Mängel oder gar Unregelmäßigkeiten, dann ist die Revision erst recht angebracht. Aus diesem Grunde ist ein Bemühen des Vorstandes, eine Revision hinauszuziehen etwa unter der Begründung, daß die Bücher nicht vollständig beigetragen seien oder dgl. oder dadurch, daß er versucht, die Revision als ein Mißtrauen hinzustellen, stets mit besonderer Vorsicht aufzunehmen. Der Aufsichtsrat sollte darin einen Grund mehr sehen, die Revision unverzüglich und möglichst eingehend vorzunehmen.

Nicht nur für die Kapitalaußenstände und -schulden sind Aufstellungen zur Bilanz zu machen, sondern in gleicher Weise müssen auch die Zinsforderungen und -schulden, sowie sonstige Bilanzposten im einzelnen nachgewiesen werden. Der Aufsichtsrat hat eine Prüfung auch dieser Posten vorzunehmen und sich zu überzeugen, daß dieselben richtig berechnet und eingestellt sind. Namentlich bezieht sich dies auf die Restzinsen, vorerhobenen Zinsen, sowie die schuldigen Zinsen für Spareinlagen oder Anleihen, weil jede unrichtige Berechnung und Einstellung einen Einfluß auf das Gewinnergebnis ausübt. Nach meinen

Erfahrungen kommen gerade in diesem Punkte vielfach Unrichtigkeiten vor, weshalb ich die Aufmerksamkeit hierauf lenke. Dabei ist auch der Zinsfuß zu berücksichtigen, welcher stets den tatsächlich erhobenen oder zu zahlenden Zinsen entsprechen muß. Die rückständigen Zinsen dürfen niemals höher, wie zu dem wirklich zur Erhebung kommenden Zinsfuße berechnet werden. Sie können aber niedriger eingestellt werden, wenn Vorstand und Aufsichtsrat dies bei vorsichtiger Bewertung für angebracht halten.

Materielle Prüfung.

Nachdem in der vorstehend beschriebenen Weise die Aufstellung der Bilanz auf ihre rechnerische Richtigkeit und Übereinstimmung mit den Büchern und Beständen geprüft worden ist, folgt die Prüfung, ob die einzelnen Außenstände und Schulden auch nach § 40 HGB. zu demjenigen Werte angesetzt sind, welcher ihnen für den Zeitpunkt der Bilanzaufstellung beizumessen ist. Diese Prüfung ist sehr wichtig, weil der Aufsichtsrat ersatzpflichtig gemacht werden kann, wenn in der Bilanz Aktiva zu einem höheren als ihrem wirklichen Werte eingestellt sind. Zu diesem Zweck sind sämtliche Außenstände genau auf ihre Einbringlichkeit zu prüfen unsichere Forderungen sind nach ihrem wahrscheinlichen Werte einzusetzen, uneinbringliche abzuschreiben (§ 40 HGB.). Zunächst sind also sämtliche Kredite daraufhin zu prüfen, ob sie vollwertig sind oder eine Abschreibung notwendig machen. Namentlich werden dafür in Frage kommen protestierte Wechsel, in Klage oder in Konkurs befindliche Forderungen, sowie Forderungen, welche durch Hypothek gesichert sind, deren Wert gesunken ist. Im allgemeinen sind also bei dieser Prüfung die Sicherstellungen zu berücksichtigen, mögen dieselben in Bürgschaften, Effekten oder sonstigen Werten bestehen. Ist bei einzelnen notleidenden Forderungen der zu erwartende Verlust noch nicht festzustellen, so rechtfertigt sich dennoch eine volle Einstellung der Forderungen nicht, vielmehr ist der mutmaßliche Verlust abzuschreiben. Aus Zweckmäßigkeitsgründen wird aber der zu erwartende Verlust nicht von der Forderung direkt abgesetzt, sondern man stellt den dafür vorgesehenen Betrag in Passiva ein, womit der Vorschrift des Gesetzes genügt ist. Es muß nur aus der Bilanz ersichtlich sein, daß die Rückstellung mit Rücksicht auf zu erwartende Verluste erfolgt ist. Zum Reservefonds darf die Rückstellung selbstverständlich nicht geschrieben werden. Ich halte es aber auch nicht für richtig, sie zu einem etwa vorhandenen Spezialreservefonds zu schreiben, weil der Zweck desselben in der Regel ist, für Verluste zu dienen, welche eintreten könnten. Jeder Unbeteiligte nimmt daher an, daß die Aktiva vollwertig sind, daß aber für künftig etwa eintretende Verluste der Spezialreservefonds unverkürzt dienen kann. Bei vorhandenen notleidenden Forderungen ist aber die Verlustgefahr nicht mehr zu erwarten, sondern bereits eingetreten. Diese Tatsache muß zum Ausdruck gebracht werden, was in der Weise geschieht, daß ein besonderer Delkrederefonds oder deutsch „eine Rückstellung für unsichere Außenstände" geschaffen wird. Das hindert aber nicht, daß für derartige Abschreibungen der Spezialreservefonds in Anspruch genommen wird, weil er ja schließlich dazu angelegt ist. Es muß aber dann eine Umbuchung vom Spezialreservefonds auf Delkrederefonds gemacht werden.

Die bücherliche Behandlung der Rückstellung kann auch in anderer Weise erfolgen, indem z. B. die Rückstellung unter Kreditoren gebucht wird. Vom gesetzlichen Standpunkte ist dagegen nichts einzuwenden. Unter allen Umständen muß aber die Rückstellung aus der Gewinn- und Verlustrechnung hervorgehen.

Nächst den Kreditaußenständen sind auch die sonstigen Aktiva auf ihren wirklichen Wert zu prüfen. Dazu gehören die etwa erworbenen Grundstücke und Hypotheken, an denen sich oft größere Abschreibungen nötig machen. Bezüglich der Grundstücke, welche zur Sicherung von Forderungen erworben worden sind, ist zu beachten, daß die eigentliche Forderung des Vereins dem Grundstückskonto zugeschrieben ist, danach erst ist zu beurteilen, welche Abschreibung sich nötig macht, um den Buchwert mit dem wirklichen Wert in Einklang zu bringen. Dabei sind natürlich auch diejenigen Hypotheken zu berücksichtigen, welche auf den Grundstücken lasten. Zweckmäßig ist es, dieselben getrennt in Passiva einzustellen, damit der volle Buchwert der Grundstücke in der Bilanz zum Ausdruck kommt. Soll dieses Verfahren nicht angewandt werden, dann muß wenigstens in der Bilanz der Betrag der Passivhypotheken bei dem Grundstückskonto angegeben werden. Denn diese Hypotheken sind Schulden, welche aus der Bilanz ersichtlich sein müssen. Da der Vorstand selbständig die im Besitze eines Vereins befindlichen Grundstücke mit Hypotheken belasten kann, ist es zweckmäßig, die Beleihungen an Hand von Grundbuch- oder Hypothekenbuchauszügen zu prüfen. Ebenso ist es notwendig, daß sich der Aufsichtsrat die Besitztitel über die erworbenen Grundstücke vorlegen läßt. Es kommt mitunter vor, daß Grundstücke oder Hypotheken — angeblich aus Zweckmäßigkeitsgründen — auf den Namen eines Vorstandsmitgliedes eingetragen werden. Das darf nicht geduldet werden, liegen aber trotzdem solche Fälle, vielleicht von früher her vor, dann muß der Aufsichtsrat entweder für Umschreibung oder Ausstellung eines Reverses sorgen, aus welchem die Rechte des Vereins klar hervorgehen.

Besondere Beachtung beansprucht die Aufstellung der rückständigen Zinsen. Als selbstverständlich ist es zu bezeichnen, daß keine Zinsen in die Bilanz eingestellt werden dürfen, welche bereits nach den gesetzlichen Bestimmungen verjährt sind. Aber auch so weit darf es der Aufsichtsrat nicht kommen lassen, daß Zinsen jahrelang rückständig bleiben. Denn mit Recht schließt man auf eine mindere Sicherheit des Kapitals, wenn der Schuldner nicht in der Lage ist, wenigstens die Zinsen pünktlich aufzubringen. Deshalb sind die rückständigen Zinsen gleichzeitig ein Gradmesser für die Bonität der Außenstände und für die Geschäftsführung des Vorstandes. Die rückständigen Zinsen bilden bei verschiedenen Vereinen geradezu einen Übelstand. Der Vorstand sucht dann in der Regel die besonderen wirtschaftlichen Verhältnisse dafür verantwortlich zu machen, die aber sehr oft an der Säumigkeit gar nicht schuld sind. Die Schuld liegt meist an der Säumigkeit des Vorstandes selbst. Es ist mit den Zinsen, wie mit den Einzahlungen zum Geschäftsanteil. Wenn nicht von Anfang an auf eine regelmäßige Bezahlung der fälligen Zinsen gedrungen wird, dann reißt schnell eine allgemeine Unpünktlichkeit ein, deren der Vorstand nicht mehr Herr werden kann. Mit jedem Monat wird die Sache schlimmer, da die Zinsen anwachsen und für den

Schuldner immer unerschwinglicher werden. Dazu kommt bei verschiedenen Vereinen noch die Berechnung von Strafzinsen bei unpünktlicher Zahlung. Hierdurch sucht der Vorstand den Verein vor den Schaden zu schützen, der ihm durch zu späte Zinszahlung entsteht. In der Praxis wirkt dieses Mittel aber oft entgegengesetzt. Der Vorstand glaubt mit Rücksicht auf die Strafzinsen nicht so streng vorgehen zu brauchen und der Schuldner sagt sich aus dem gleichen Grunde, daß er dem Verein für seine Unpünktlichkeit ein Äquivalent biete, so daß er es mit der Zahlung nicht so genau zu nehmen habe. Der pünktliche Schuldner zahlt ohne besondere Maßnahmen, während bei dem Säumigen auch die Strafen wenig nützen. Deshalb sollte von der Erhebung sog. Strafzinsen ganz abgesehen werden. Da die rückständigen Zinsen für den Verein zu einer direkten Gefahr werden können, so muß auch der Aufsichtsrat diesem Punkte sein besonderes Augenmerk widmen, wozu die Prüfung der Jahresrechnung die beste Gelegenheit bietet, weil dafür die Restzinsen übersichtlich zusammengestellt sind. Über besonders erhebliche Rückstände muß Beschluß gefaßt werden, innerhalb welcher Zeit dieselben vom Vorstande beizutreiben sind. Die Ausführung der gefaßten Beschlüsse ist vom Aufsichtsrat zu überwachen, was sehr wichtig ist. Denn der Aufsichtsrat kann sich im Falle von Verlusten nicht damit entschuldigen, daß er dem Vorstande die Beitreibung des Außenstandes nebst Zinsen aufgegeben habe, vielmehr erfordert es seine Pflicht, sich von den Maßnahmen zur Beitreibung, welche der Vorstand ergriffen hat, zu überzeugen. Tut der Vorstund dennoch nichts in der Angelegenheit, dann ist die letzte Konsequenz der vorläufigen Amtsenthebung zu ziehen, da der Aufsichtsrat selbst nicht aktiv in die Geschäfte eingreifen darf. Mit den Aufsichtsratsbeschlüssen geht es, wie mit anderen Dingen auch. Wenn nicht auf Ausführung der Beschlüsse gedrungen wird, bilden sie für den Vorstand zuletzt nichts weiter wie eine leere Form. Man kann mitunter finden, daß der Aufsichtsrat einzelne Beschlüsse wiederholt faßt, z. B. auf Einziehung einer Forderung, Einklagung protestierter Wechsel, Einziehung von Geschäftsguthaben usw., ohne daß vom Vorstande in der Sache etwas geschieht. Daher ist es notwendig, daß der Aufsichtsrat mit dem gehörigen Nachdruck die Ausführung seiner Beschlüsse überwacht.

Für die Passiva ist im wesentlichen zu prüfen, ob die schuldigen Zinsen richtig eingestellt sind. Es können aber auch sonstige Prüfungen notwendig werden z. B. bei Hypotheken mit regelmäßiger Tilgung, Zinsabzug für Akzepte usw., weshalb auch darauf zu achten ist.

Bilanzverschleierungen.

Das Kapitel „Bilanzverschleierung" spielt fast in allen Fällen, wo Unregelmäßigkeiten vorgekommen und Krisen eingetreten sind, eine große Rolle. Es kommt dabei nicht eine direkte Fälschung, sondern eine unrichtige Darstellung des Vermögensbestandes der Genossenschaft in Betracht. Diese unrichtige Darstellung kann in verschiedener Weise geschehen, z. B. durch nachträgliche Vereinnahmung rückständiger Zinsen oder Berücksichtigung derselben als Kassenbestand, durch Einstellung längst verjährter Zinsen als Aktiva usw. Am klarsten liegt eine Bilanzverschleierung zutage, wenn ein erheblicher Teil unrealisierbarer Forderungen als realisierbare Werte eingesetzt werden, um die Bilanz liquid erscheinen zu lassen, wenn also z. B. Kontokorrent-Außenstände in die Form von Wechseln gekleidet und als solche in die Bilanz eingestellt werden. Kurz gefaßt ist unter Verschleierung immer eine Manipulation zu verstehen, welche dazu dient, die Geschäftsverhältnisse anders darzustellen, als sie wirklich sind, um dadurch den Interessenten Sand in die Augen zu streuen. Das würde z. B. der Fall sein, wenn ein Verein eigene Akzepte unter dem Konto „Spareinlagen" aufführt, oder wenn er die Akzepte überhaupt nicht in die Bilanz aufnimmt und dafür einen gleichen Betrag unter Aktiva fortläßt. Eine Verschleierung ist auch darin zu sehen, wenn ein Verein mit einem großen Grundstücksbesitz, auf welchem hohe Hypotheken lasten, nur den buchmäßigen Saldo zwischen Buchwert und Belastung in die Bilanz einstellt und den wirklichen Stand nicht anderweitig ersichtlich macht. Kurz und gut, die Möglichkeit der Bilanzverschleierung ist so mannigfaltig, daß hier nicht auf alle Einzelheiten eingegangen werden kann.

Wenn aber der Aufsichtsrat nur einigermaßen seiner Aufsichtspflicht nachkommt, dann können ihm die Manipulationen, welche zur Bilanzverschleierung dienen, nicht entgehen und er ist dann jederzeit in der Lage, Maßnahmen dagegen zu ergreifen. Glaubt der Aufsichtsrat, nicht genügende Sachkenntnisse zur ordnungsmäßigen Prüfung zu besitzen, dann soll er die Hilfe Sachverständiger auf Kosten des Vereins in Anspruch nehmen.

Gerade auf die Prüfung der Jahresrechnung muß der Aufsichtsrat besondere Sorgfalt verwenden, denn er hat hierüber der Generalversammlung Bericht zu erstatten. Der Bericht muß wahrheitsgetreu sein, weil sich sonst der Aufsichtsrat strafbar macht.

Beurkundung und Aufbewahrung.

Nachdem die Jahresrechnung in allen Teilen geprüft und für richtig befunden ist, bleibt noch die gesetzliche Form der Beurkundung zu beachten. Nach § 41 Abs. 1 HGB. ist das Inventar und die Bilanz von dem Kaufmann zu unterzeichnen. Unter Inventar ist im vorliegenden Falle die Inventuraufnahme zu verstehen. Die Genossenschaft gilt als Kaufmann im Sinne des Handelsgesetzbuches. Der Vorstand ist ihr gesetzlicher Vertreter, weshalb dieser auch in erster Linie die Bilanz zu unterzeichnen hat und zwar ist es notwendig, daß alle Vorstandsmitglieder an der Unterzeichnung teilnehmen. Bei der Weigerung eines Vorstandsmitgliedes zur Unterzeichnung wird der Aufsichtsrat bereits auf Unstimmigkeiten schließen können. Sache des Aufsichtsrats ist es also, darauf zu achten, daß der gesetzlichen Form der Unterzeichnung genügt wird. Außerdem ist es zweckmäßig, behufs späteren Nachweises, daß auch diejenigen Mitglieder des Aufsichtsrates, welche die Jahresrechnung geprüft haben, dies durch einen entsprechenden Vermerk nebst Unterzeichnung ersichtlich machen. Über die Prüfung selbst ist ein Protokoll aufzunehmen, aus welchem der Umfang der vorgenommenen Arbeiten ersichtlich ist.

§ 41 HGB. schreibt in Abs. 2 weiter vor, daß „das Inventar und die Bilanz in ein dazu bestimmtes Buch eingeschrieben oder jedesmal besonders aufgestellt werden können. Im letzteren sind sie zu sammeln und in zusammenhängender

Reihenfolge geordnet aufzubewahren." Da die Bilanzen nebst Anlagen die wichtigsten Nachweise für die Grundlagen der Genossenschaft bilden, so erscheint es eigentlich als selbstverständlich, daß die geordnete Aufbewahrung auch ohne die gesetzliche Vorschrift stattfinden müßte. Trotzdem wird aber in der Praxis diesem Punkte oft nicht die genügende Beachtung geschenkt. Teils liegen die einzelnen Bilanznachweise nicht zusammen, so daß sie oft bei Gebrauch nicht zu finden sind, teils entspricht ihre Aufbewahrung überhaupt nicht der Sorgfalt des ordentlichen Geschäftsmannes. Am zweckmäßigsten ist es, die Bilanzen fortlaufend in ein besonderes Bilanzbuch einzutragen und im übrigen die Originalbilanzen nebst Anlagen jahrgangweise geordnet aufzubewahren.

Nach § 44 HGB. ist der Kaufmann verpflichtet, sämtliche Bücher und Schriften, Bilanzen usw. 10 Jahre lang von der letzten Eintragung an gerechnet aufzubewahren. Während der Vernichtung minder wichtiger Bücher und Schriften nach Ablauf der 10jährigen Frist keine Bedenken entgegenstehen, empfiehlt es sich aber, die wichtigen Bücher,. namentlich die Bilanzen nebst Anlagen, auch über die gesetzliche Frist hinaus dauernd aufzubewahren. Der Aufsichtsrat muß auch seine Prüfung darauf erstrecken, daß die Aufbewahrung derjenigen Bücher, welche Aufschluß über den gegenwärtigen Stand des Geschäftes geben, feuersicher geschieht. Es müssen alle Bücher, solange sie nicht vollständig durch neue ersetzt sind, in einem feuersicheren Gelaß aufbewahrt werden. Hierzu muß unter allen Umständen Gelegenheit beschafft werden. Wenn dazu, wie es häufig in kleinen Vereinen vorkommt, der vor langen Jahren angeschaffte Geldschrank nicht mehr ausreicht, dann macht sich eben die Beschaffung eines größeren Schrankes notwendig. Diese Ausgabe ist durchaus nicht überflüssig, wie die Brandunglücke verschiedener Vereine gezeigt haben, bei denen es nur infolge gewissenhafter Aufbewahrung der Bücher möglich war, das Geschäft ohne erhebliche Schädigung und Störung fortzuführen.

Veröffentlichung.

§ 48 Abs. 2 schreibt vor: „Die Bilanz, sowie eine den Gewinn und Verlust des Jahres zusammenstellende Berechnung (Jahresrechnung) sollen mindestens eine Woche vor der Versammlung in dem Geschäftslokale der Genossenschaft oder einer anderen, durch den Vorstand bekannt zu machenden, geeigneten Stelle zur Einsicht der Genossen ausgelegt oder sonst denselben zur Kenntnis gebracht werden."

Zweckmäßig ist es, wenn gleichzeitig mit der Einladung zur Generalversammlung bekannt gemacht wird, wann und wo die Jahresrechnung zur Einsicht der Genossen ausgelegt ist. Der Aufsichtsrat hat die Beobachtung dieser gesetzlichen Bestimmung zu überwachen.

Über die Veröffentlichung der Bilanz bestimmt § 33 Abs. 2 GG.: „Er (der Vorstand) muß binnen 6 Monaten nach Ablauf jedes Geschäftsjahres desselben, die Zahl der im Laufe des Jahres eingetretenen oder ausgeschiedenen, sowie die Zahl der am Jahresschlusse der Genossenschaft angehörigen Genossen veröffentlichen. Die Bekanntmachung ist zu dem Genossenschaftsregister einzureichen."

In maßgebenden genossenschaftlichen Kreisen ist man sich darüber einig, daß die genehmigte Bilanz zu veröffentlichen ist. Die Veröffentlichung kann demnach erst nach der Generalversammlung stattfinden. Sie ist zwar eine Obliegenheit des Vorstandes, da aber alle Veröffentlichungen eines Vereins, namentlich diejenige der Bilanz, für die Öffentlichkeit und das Ansehen der Genossenschaft von großem Interesse sind, so ist es auch von Wichtigkeit, daß der Aufsichtsrat die rechtzeitige und vollständige Veröffentlichung überwacht. Außer der Bilanz ist gleichzeitig die Mitgliederbewegung zu veröffentlichen. Bei Genossenschaften mit beschränkter Haftpflicht ist nach § 139 GG. außerdem noch die Haftsumme, sowie die Differenz der Haftsumme und des Geschäftsguthabens gegen das Vorjahr anzugeben.

Bei dieser Gelegenheit sei auch der sonstigen Veröffentlichungen der Genossenschaften gedacht. Im allgemeinen ist darauf zu achten, daß dieselben ordnungsmäßig unterzeichnet sind. Geht eine Veröffentlichung vom Vorstande aus, dann ist sie von mindestens 2 Vorstandsmitgliedern zu unterzeichnen, erfolgt sie aber vom Aufsichtsrat selbst, dann hat die Unterzeichnung in der Form zu erfolgen, wie sie durch das Statut vorgeschrieben ist. In der Regel lautet die Unterschrift:

Der Aufsichtsrat des Vorschußvereins zu X.
e. G. m. u. H.
N. N.
Vorsitzender.

Wie bei den Bilanzveröffentlichungen, so kommt es auch bei den sonstigen Bekanntmachungen öfter vor, daß die Unterschriften gar nicht im Original abgegeben sind, sondern daß die Namen von einem Dritten geschrieben werden. Bei der Wichtigkeit aller öffentlichen Bekanntmachungen darf das nicht vorkommen.

Für die Einladungen zu den Generalversammlungen ist außerdem die vorgesehene Frist genau zu beachten. Nach gesetzlicher Vorschrift (§ 46 GG.) beträgt die Frist mindestens eine Woche, oft sind aber im Statut noch besondere Vorschriften für Einberufung der Generalversammlung gegeben, welche stets eingehalten werden müssen. Z. B. kann eine mehrfache Bekanntmachung der Einladung vorgeschrieben sein. Ebenso ist zu beachten, daß die Einladungen in den im Statut vorgeschriebenen Zeitungen erlassen werden. Die Beachtung all dieser Vorschriften ist von großer Wichtigkeit, weil sonst die Rechtsgültigkeit der gefaßten Beschlüsse angefochten werden kann.

V. Sonstige Tätigkeit.

Rechte und Pflichten des Aufsichtsrats in der Generalversammlung.

Nachdem am Schlusse des vorigen Abschnitts die Gesetzmäßigkeit der Einberufung der Generalversammlungen dargelegt worden ist, komme ich nun zur Besprechung der Obliegenheiten des Aufsichtsrates in der Generalversammlung selbst. Die Vorschrift über die Leitung der Versammlung ist im Statut in der Regel dahin geordnet, daß entweder einem Mitgliede des Vorstandes oder dem Vorsitzenden des Aufsichtsrates bzw. seinem Stellvertreter die Leitung zu übertragen ist, je nachdem die Einberufung von dem Vorstande oder Aufsichtsrate ausgeht. Berechtigt sind beide Organe gleichmäßig zur Einberufung. Der Aufsichtsrat hat sogar nach § 38 GG. die Pflicht, „eine Generalversammlung zu berufen, wenn dies im Interesse der Genossenschaft erforderlich ist." Die Beurteilung, wann ein solches Interesse vorliegt, muß dem Aufsichtsrat überlassen bleiben. Die Gründe dafür können verschiedener Art sein, z. B. in Pflichtwidrigkeit des Vorstandes, einer wichtigen Entscheidung über An- oder Verkauf von Grundstücken usw. bestehen. Wenn der Vorstand die Einberufung einer notwendigen Generalversammlung verzögert oder überhaupt unterläßt, dann ist es Pflicht des Aufsichtsrates, die Versammlung selbst einzuberufen.

Da die Leitung der Versammlung für den Verlauf der Verhandlungen von großer Bedeutung ist, so ist es wichtig, daß die Leitung auch nach den vorhandenen Vorschriften geschieht. Zu einer Änderung in dieser Hinsicht ist stets ein Beschluß der Generalversammlung selbst notwendig und dieser Beschluß muß auch in dem Protokoll zum Ausdruck gebracht werden.

Der Vorsitzende der Generalversammlung hat zunächst die gesetzmäßige Einberufung an der Hand der Zeitungsbelege zu konstatieren und den Schriftführer zu ernennen. Darauf kann in die Verhandlung nach Maßgabe der Tagesordnung oder etwa besonders gefaßter Beschlüsse hierzu eingetreten werden. Es ist darauf zu achten, daß namentlich bei den Abstimmungen die gegebenen Vorschriften beachtet werden und daß die gefaßten Beschlüsse nebst Stimmenverhältnis bei Abstimmungen im Protokoll genau festgelegt werden. Das Protokoll muß in der nämlichen Versammlung abgefaßt, am Schlusse derselben verlesen und von den vorgeschriebenen Protokollzeugen, außer den anwesenden Vorstands- und Aufsichtsratsmitgliedern, in der Regel drei Mitgliedern, unterschrieben werden.

Da das Interesse der Mitglieder an den Generalversammlungen erfahrungsgemäß meist gering ist, so sollten Vorstand und Aufsichtsrat versuchen, den Besuch durch Abhaltung von Vorträgen genossenschaftlicher oder sonst interessierender Themata zu erhöhen.

In der Generalversammlung hat der Aufsichtsrat die Pflicht, den Mitgliedern Bericht über seine Tätigkeit zu erstatten, namentlich bezieht sich diese Berichterstattung auf die Prüfung der Jahresrechnung, Bilanzen und Vorschläge zur Verteilung von Gewinn und Verlust (§ 38). Daß dabei außerordentlich gewissenhaft zu Werke gegangen werden muß, ist bereits dargelegt worden. Um für später jeden Zweifel an dem Inhalte der abgegebenen Erklärung auszuschließen, ist es zweckmäßig, die Erklärung vorher schriftlich niederzulegen und in dieser Weise in das Protokoll aufzunehmen.

Gesetzliche Revision.

Eine weitere wichtige Tätigkeit ist die Erledigung des Revisionsberichtes über die gesetzlich vorgeschriebene Revision in der Generalversammlung. § 63 GG. schreibt in Abs. 1 vor, daß der Aufsichtsrat zu der Revision zuzuziehen ist. Bei der Wichtigkeit dieser Bestimmung sei zuvor etwas näher darauf eingegangen. Die gesetzlich vorgeschriebene Revision wird alle 2 Jahre durch einen Sachverständigen vorgenommen, welcher die Einrichtungen und die Geschäftsführung in allen Zweigen der Verwaltung prüft. Dabei werden also alle Geschäftsverhältnisse der Genossenschaft einer gründlichen Prüfung unterzogen, welcher der

Aufsichtsrat beiwohnen muß. Die gesetzlich vorgeschriebene Zuziehung zu der Revision ist von großer Wichtigkeit, weil der Aufsichtsrat dabei für seine eigene Tätigkeit viel profitieren kann, sowie zur Auskunftserteilung für den Revisor. Es ist nicht nötig, daß der gesamte Aufsichtsrat beständig während der ganzen Zeitdauer der Revision zugegen ist, vielmehr genügt es, wenn einige dazu bestimmte Mitglieder diese Funktion wahrnehmen. Zweckmäßig werden die Mitglieder der Revisionskommission damit zu betrauen sein. Da die gesetzlichen Revisionen angemeldet werden, so ist der Vorstand in der Lage, den Aufsichtsrat rechtzeitig zu unterrichten, damit dieser seine Dispositionen wegen der Beteiligung an der Revision treffen kann. Versäumt der Vorstand die Benachrichtigung, dann ist er vom Aufsichtsrat dazu anzuhalten. Wenn es aber trotzdem dem Aufsichtsrate unmöglich gemacht wird, der Revision beizuwohnen, dann muß diese Tatsache nebst Begründung bei der Erklärung zu dem Revisionsbericht bekanntgegeben werden, denn für die abzugebende Erklärung selbst ist es von großer Bedeutung, ob der Aufsichtsrat der Revision beigewohnt hat oder nicht.

Nach § 63 Abs. 2 GG. ist der Bericht über die Revision bei der Berufung der nächsten Generalversammlung als Gegenstand der Beschlußfassung anzukündigen. In der Generalversammlung hat sich der Aufsichtsrat über das Ergebnis der Revision zu erklären. Diese Vorschriften kommen bei dem zweijährigen Turnus leicht in Vergessenheit. Wenn der Vorstand nicht die Anregung gibt, die Behandlung des Revisionsberichtes auf die Tagesordnung der *nächsten* Generalversammlung zu setzen, dann muß dies der Aufsichtsrat selbst veranlassen. Der Revisor ist verpflichtet, über jede vorgenommene gesetzliche Revision einen Bericht zu erstatten. Der Aufsichtsrat kann daher unter allen Umständen darauf rechnen, daß in entsprechender Zeit ein schriftlicher Bericht bei dem Vorstande eingeht. Zieht sich die Berichterstattung über Gebühr hinaus, so daß die Erledigung des Berichtes in der nächsten Generalversammlung in Frage gestellt wird, dann muß sich der Aufsichtsrat durch eigene Anfrage vergewissern, ob der Bericht noch rückständig ist. Denn es ist wiederholt vorgekommen, daß in Fällen, wo unangenehme Feststellungen bei der Revision gemacht worden waren, die Vorstandsmitglieder den Aufsichtsrat hinzogen mit der Erklärung, es sei kein Bericht gekommen, während dieser längst wohlverwahrt im Vereinsschranke lag.

Der Aufsichtsrat hat sich über das Ergebnis der Revision zu erklären. Durch einfache Vorlesung des Berichtes in der Generalversammlung, sei es durch ein Aufsichtsratsmitglied oder sonstiges Mitglied wird daher der Bestimmung des Gesetzes nicht genügt. Die Erklärung des Aufsichtsrates muß sich vielmehr auf den Inhalt des Berichtes erstrecken. Zu diesem Zwecke ist es notwendig, daß der Bericht vorher vom Aufsichtsrate eingehend besprochen wird unter Hinzuziehung des Vorstandes, welcher eventuell an der Hand der Bücher und Belege über die monierten Punkte Auskunft zu geben hat. Insbesondere ist die Erledigung ernster Erinnerungen, wie Kreditüberschreitungen ungesäumt in die Wege zu leiten. Da wichtige Beanstandungen bei den Verbandsvereinen bereits in der gemeinschaftlichen Sitzung bei der mündlichen Berichterstattung zur Sprache gebracht werden, so hat in diesem Falle der Aufsichtsrat nicht zu warten, bis der schriftliche Bericht des Verbandsrevisors eingeht, sondern er kann unverzüglich seine Maßnahmen zur Abstellung der Erinnerungen ergreifen, was im Interesse des Vereins notwendig ist. Nach Erhalt des schriftlichen Berichtes ist zu prüfen, inwieweit die einzelnen Beanstandungen inzwischen Erledigung gefunden haben, nach Befinden ist dem Vorstande eine bestimmte Frist zur Erledigung zu geben, nach deren Ablauf eine erneute Prüfung der Sachlage stattzufinden hat. Auch zu den Organisationsfragen, Vorschlägen zur Vervollkommnung und Ausgestaltung der Einrichtungen, welche etwa in dem Berichte angeregt sind, muß der Aufsichtsrat vorher Stellung nehmen, damit er in der Geueralversammlung einen bestimmten Standpunkt zu den einzelnen Punkten des Berichtes einnehmen kann. Keinesfalls darf es einem Mitgliede, etwa dem Vorsitzenden, überlassen werden, die Erklärung nach eigenem Ermessen abzugeben. Darüber ist ein besonderer Beschluß des gesamten Aufsichtsrates herbeizuführen und um jede spätere

Meinungsverschiedenheit auszuschließen, ist es zweckmäßig, diese der Generalversammlung gegenüber abzugebende Erklärung vorher protokollarisch festzulegen.

Hieraus ergibt sich, daß die Tätigkeit des Aufsichtsrates bei der gesetzlichen Revision und im Anschluß an dieselbe eine sehr wichtige und umfangreiche ist. Bei denjenigen Vereinen, welche zu einem Revisionsverbande gehören, wird in der Regel schon seitens des Verbandsdirektors die Abstellung vorgefundener Mängel energisch betrieben. Es ist daher für den Aufsichtsrat von Wert, daß er sich vom Vorstande die Korrespondenz mit dem Verbande vorlegen läßt oder wenn er irgendein Mißtrauen hegt, sich an den Verbandsdirektor direkt wendet. Die Verbandsvereine genießen außerdem den Vorteil, daß sie in allen kritischen Lagen sachgemäßen Rat bei dem Verbande finden. Da sie außerdem die Gewißheit haben, daß die Revisionen in sachgemäßer Weise unter Berücksichtigung aller eine Genossenschaft berührenden Verhältnisse vorgenommen werden, so ist allen Genossenschaften im eigenen Interesse zu empfehlen, sich einem Revisionsverbande anzuschließen. Damit ist sicher auch dem Aufsichtsrat am besten gedient. Denn aus den vorstehenden Ausführungen geht hervor, daß die Pflichten des Aufsichtsrates sehr verantwortungsvoll und teils recht schwierig sind, so daß ihm ein treuer selbstloser Berater in Gestalt des Verbandsdirektors und Verbandsrevisors nur willkommen sein kann.

FSC
www.fsc.org
MIX
Papier | Fördert
gute Waldnutzung
FSC® C083411

Kolibri 360 GmbH
Ferdinand-Jühlke-Straße 7
99095 Erfurt, Deutschland
produktsicherheit@kolibri360.de